Michael König

80 Klassiker in 5 Varianten = 400 LIEBLINGSREZEPTE

Michael König

80 Klassiker in 5 Varianten = 400 LIEBLINGSREZEPTE

Alltagstaugliche Gerichte
von Schnitzel und Lasagne
bis Kaiserschmarrn

riva

INHALT

1 SALATE

2 SUPPEN

6 NACHTISCH

3 HAUPTGERICHTE

4 BEILAGEN UND SNACKS

5 SAUCEN

LIEBE KOCHFREUNDE,

als mich der riva Verlag um ein Konzept für ein Kochbuch mit 80 Gerichten in je fünf Varianten bat, hatte ich gemischte Gefühle. Einerseits war ich begeistert, eine Marktlücke füllen zu dürfen, andererseits hatte ich großen Respekt vor diesem Riesenprojekt.

Leicht verzweifelt erzählte ich Freunden von dem neuen Vorhaben, und viele sagten spontan ihre Unterstützung zu. Dank meiner elf Kochhelden haben wir die 400 Gerichte an sechs Shooting-Tagen gekocht, fotografiert und gemeinsam gegessen. Aus dieser Teamarbeit ist eines meiner schönsten Bücher entstanden. Ich hoffe, Sie haben beim Nachkochen genauso viel Freude wie wir.

Und wenn Sie eine Idee für eine weitere Variante zu unseren Gerichten haben, schreiben Sie sie doch gleich direkt ins Buch. Wir haben auf jeder Rezeptseite extra Platz dafür freigehalten.

Viel Spaß beim Kochen und Genießen wünscht

Ihr Michel König

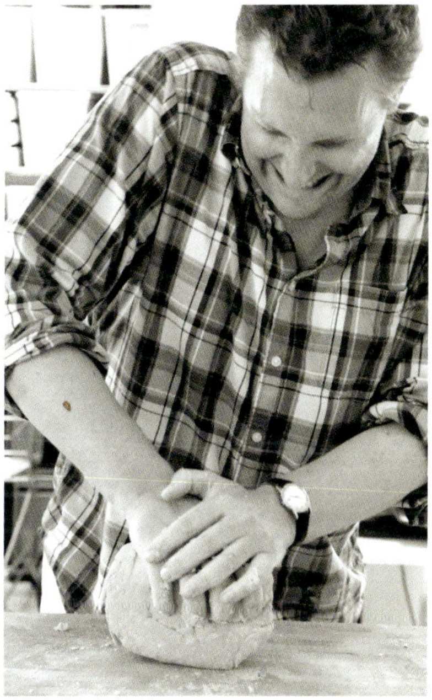

73
ROCK OIL CO

GUT ZU WISSEN ...

BASICS

Fertigprodukte
Nach Möglichkeit bereiten Sie alle Zutaten, z. B. Gemüsebrühe und Tomatenketchup, selbst zu. Wenn es schnell gehen muss, reichen auch Fertigprodukte.

Fleisch und Fisch
Brauchen Sie vor der Zubereitung nicht zu waschen. Dadurch vermeiden Sie die Verbreitung von möglichen Keimen, und das Lebensmittel wird nicht unnötig gewässert. Sehnen, Knochen und Gräten entfernen.

Gemüse, Salate und Obst
Vor der Zubereitung die Lebensmittel säubern, waschen, trocknen, schälen, entkernen, pellen etc. Aus Platzgründen wird hierauf in den Rezepten verzichtet.

Gewürze
Wenn sie nicht als „frisch" bezeichnet sind, handelt es sich um getrocknete Gewürze. Soweit möglich Gewürze mit der Mühle mahlen. Das Gericht zum Ende noch einmal mit Gewürzen abschmecken.

Ofentemperatur
Sofern nicht anders angegeben, verwenden Sie zum Garen im Ofen Umluft. Wer lieber mit Ober-/Unterhitze backt, erhöht die angegebene Temperatur um 20 °C. Um die benötigte Temperatur zum richtigen Zeitpunkt zu erhalten, heizen Sie den Ofen rechtzeitig vor. Im Buch wird auf entsprechende Hinweise aus Platzgründen verzichtet.

Portionsgröße
Die Gerichte sind auf 4 Erwachsene ausgelegt.

Salz und Pfeffer
Wir empfehlen Meersalz und schwarzen Pfeffer, frisch gemahlen aus der Mühle. Bei diesen Grundgewürzen verzichten wir auf Mengenangaben und überlassen es Ihnen, wie salzig und scharf Sie es mögen.

Tiefkühlkost
Sofern nicht anders beschrieben, tauen Sie tiefgekühlte Kost vor Verwendung auf.

Zutatenangaben
Die Zutaten sind mengenmäßig genau angegeben und beziehen sich auf den verwertbaren Teil, d. h. ohne Schale, Kern, Abtropfwasser etc. Hiervon abweichend sind z. B. die Butter zum Einfetten der Auflaufform, das Mehl zur Vorbereitung der Arbeitsfläche und das Wasser zum Auffüllen von Suppen in der Zutatenliste nicht enthalten, sondern werden als in der Küche vorhanden vorausgesetzt.

VORBEREITUNG VON GEMÜSE UND OBST

Ananas
Grüne Blätter abschneiden und die Ananas großzügig schälen. Strunk und die noch verbleibenden Augen herausschneiden.

Apfel, Aprikose, Birne und Pfirsich
Waschen oder dünn schälen. Kerngehäuse entfernen.

Auberginen
Waschen, aufschneiden, gut salzen und ca. 30 Min. Wasser ziehen lassen. Überschüssiges Wasser abgießen und die Auberginen trocken tupfen.

Avocado
Mit dem Messer halbieren, Fruchtfleisch mit einem Löffel aus der Schale lösen und entkernen.

Blumenkohl und Brokkoli
Äußere Blätter entfernen, dann waschen. Röschen vom Strunk schneiden. Wenn der Strunk verwendet wird, diesen kreuzweise einschneiden, sodass er beim Blanchieren schneller gart.

Chili- und Paprikaschote
Waschen, vierteln und das Kerngehäuse entfernen.

Frühlingszwiebeln und Lauch
Oberen Teil der dunkelgrünen Blätter und das Wurzelende abschneiden. Lauch der Länge nach einschneiden und gründlich zwischen den Blättern waschen.

Granatapfel
In 2 Hälften teilen, mit dem Kochlöffel solange auf die Schale klopfen, bis sich die glibberigen Kerne von selbst lösen. Weiße Fruchthäute entfernen.

Gurken
Waschen oder schälen. Ggf. das Kerngehäuse mit einem Löffel entfernen, damit die Gurke kein Wasser zieht.

Kartoffeln
Waschen oder schälen.

Knoblauch und Zwiebel
Schälen und Enden abschneiden.

Knollensellerie
Schälen, das Wurzelwerk und bräunliche Stellen dabei entfernen.

Kräuter
Waschen, trocken schütteln und entweder mit Stiel bzw. Zweig verwenden oder Blättchen bzw. Nadeln abzupfen.

Kürbis
Hokkaido nur waschen. Andere Sorten wie Butternusskürbis schälen. Halbieren, das Kerngehäuse mit einem Löffel heraustrennen und fasriges Fruchtfleisch entfernen.

Mango
Schälen, quer in 2 Hälften schneiden und das Fruchtfleisch vom Kern lösen.

Melone
Halbieren, großzügig schälen und festes Fruchtfleisch entfernen. Ggf. Kerne mit einem Löffel herauslösen.

Möhren, Pastinaken und Petersilienwurzeln
Waschen, dünn schälen und die Enden abschneiden.

Pilze
Nach Möglichkeit nicht waschen, sondern nur mit einem Pinsel gründlich säubern. Strunk abschneiden.

Radieschen
Waschen und Enden abschneiden.

Rhabarber und Staudensellerie
Waschen, die Enden abschneiden und ggf. fasrige Haut mit einem Messer abziehen.

Rote Bete
Wasser mit 1 TL Salz, 1 TL Zucker und 1 TL Butter und je nach Geschmack mit 1 Zitronen- oder Orangenschale, 1 Lorbeerblatt und Wacholderbeeren in einem Topf zum Kochen bringen und die Rote Beten je nach Größe 45–60 Min. bissfest garen. Abgießen und die Knollen mit Einweghandschuhen pellen.

Salate
Salatköpfe (Kopfsalat, Chicorée, Radicchio etc.) vor dem Waschen vom Strunk entfernen. Übrige Salate (Rucola, Blattspinat, Mangold etc.) direkt waschen.

Spargel
Schälen (weißen Spargel komplett, grünen Spargel im unteren Drittel), holzige Enden abschneiden. Wasser mit 2 TL Salz, 1 TL Zucker, 1 Spritzer Zitronensaft und 1 TL Butter in einem großen Topf zum Kochen bringen und Spargel bei mittlerer Hitze ca. 15 Min. bissfest garen.

Tomaten
Waschen und den Stielansatz entfernen. Ggf. entkernen und den Saft leicht ausdrücken.

Wirsing
Halbieren, Blätter vom Strunk trennen und waschen.

BESONDERE ZUTATEN

Aceto Balsamico und Balsamico Bianco
Verwenden Sie hochwertige Balsamessige, da sie vom Geschmack intensiver als herkömmliche Essige sind.

Calamaretti
Kleine Tintenfische, die in der mediterranen und asiatischen Küche weit verbreitet sind. Zur Vorbereitung putzen, Chitin und Innereien aus den Tuben entfernen. Diese längs aufschneiden und waschen.

Chorizo
Feste, grobkörnige Schweinewurst aus Spanien und Portugal, die mit Paprika und Knoblauch gewürzt ist.

Fleur de Sel
Die groben Körner der Salzblüte verleihen Gerichten ein besonders feines Aroma. Passt z. B. zu frischen Blattsalaten, gebratenem Fisch, Kartoffeln und Blechgemüse.

Granatapfel
Exotische Frucht mit vielen Ballaststoffen, Kalium und Vitamin C. Die Kerne des Granatapfels passen gut zu Salaten und Desserts.

Pul Biber
Rote oder schwarze Chiliflocken, die es im türkischen Lebensmittelladen zu kaufen gibt. In diesem Buch wird der mildere rote Pul Biber verwendet.

Ras el-Hanout
Wörtlich: „Kopf des Ladens". Eine nordafrikanische Mischung aus ca. 25 Gewürzen, deren Zusammensetzung der Überlieferung nach nur der „Chef des Gewürzladens" herzustellen vermag. Zutaten sind Anis, Chili, Galgant, Ingwer, Kardamom, Muskat, Nelke und Zimt. Passt u. a. zu Couscous und Fleischgerichten.

KOCHMETHODEN

Ablöschen
Angebratenes Fleisch oder Gemüse mit Flüssigkeit begießen, um den Bratensatz in der Pfanne oder im Topf zu lösen.

Abschrecken
Blanchiertes Gemüse schnell abkühlen, um den Garvorgang abzubrechen.

Aufschlagen
Zutaten wie Eier oder Sahne mit einem Schneebesen oder Handmixer zu einer cremigen Masse schlagen.

Backen (Garprobe)
Holzstäbchen in die Mitte des Kuchens bzw. Muffins stechen und beim Herausziehen prüfen, ob flüssiger Teig daran klebt. Falls ja, weiterbacken.

Blanchieren
Gemüse in Salzwasser kurze Zeit kochen, sodass es Farbe und Biss behält.

Braten
Fleisch oder Gemüse bei hohen Temperaturen in Pfanne, Topf oder Ofen mit oder ohne Fett garen.

Dünsten
Gemüse oder Obst bei mittlerer Hitze in einer Pfanne oder im Topf mit wenig Fett garen.

Filetieren
Unerwünschte Teile herausschneiden, z. B. Knochen und Sehnen vom Fleisch, Gräten vom Fisch oder Haut und Adern von Orangen.

Häuten (Tomaten)
Tomaten kreuzweise die oberste Hautschicht einschlitzen, in einem Topf mit siedendem Wasser max. 1 Min. garen, abschrecken und Haut mit einem scharfen Messer abziehen.

Karamellisieren
Zucker unter ständigem Rühren am besten mit einem Holzlöffel schmelzen und bräunen.

Kochen (Garzeiten)
In Salzwasser gar kochen: frische Nudeln (3–5 Min.), weiches Gemüse (6–8 Min.), Nudeln und Eier (8–10 Min.), festes Gemüse (10–15 Min.), Reis (10–20 Min.) und Kartoffeln (15–20 Min.).

Passieren
Saucen, Suppen oder Pürees durch ein Sieb drücken, sodass unerwünschte Bestandteile wie Gemüsestücke, Knochen, Gewürze etc. aufgefangen werden.

Rösten
Nüsse und Kerne (z. B. Haselnüsse, Kürbiskerne, Mandeln, Pinienkerne, Pistazien, Sonnenblumenkerne, Walnusskerne) unter Rühren in einer beschichteten Pfanne ohne Fett bei mittlerer Hitze braten, bis sie gebräunt sind.

Schmoren
Fleisch und Gemüse nach kurzem Anbraten und Ablöschen mit Flüssigkeit garen.

Trennen (Ei)
Methode 1: Eigelb von einer Schalenhälfte in die andere füllen und dabei das Eiweiß in einer Schüssel auffangen.
Methode 2: Ei in eine Schüssel aufschlagen. Eine leere Plastikflasche zusammendrücken, Öffnung an das Eigelb halten, die Hand öffnen und dabei das Eigelb in die Flasche saugen.

Unterheben/Unterziehen
Eischnee, Sahne oder andere Zutaten vorsichtig mit einer Creme, einem Kuchenteig, einem Salat etc. mischen, ohne dabei die Struktur zu zerstören.

Wasserbad
Metallschüssel auf einen Topf mit kochendem Wasser setzen und darin z. B. Schokolade schmelzen oder Eier schaumig schlagen.

ABKÜRZUNGEN

EL	gestrichener Esslöffel
°C	Grad Celsius
g	Gramm
kg	Kilogramm
l	Liter
Min.	Minuten
mind.	mindestens
ml	Milliliter
Msp.	Messerspitze
Pck.	Päckchen
Pr.	Prise
Std.	Stunde
TK	Tiefkühl
TL	gestrichener Teelöffel

SALATE

KARTOFFELSALAT

NORDDEUTSCHER KARTOFFELSALAT

700 g kleine festkochende Kartoffeln / 200 ml Gemüsebrühe (S. 38) / 3 Eier / 100 g Cornichons im Glas / 150 g Schmand / 100 g Delikatess-Mayonnaise / 50 g Joghurt / Salz / Pfeffer / 1 Bund Schnittlauch

Kartoffeln mit Schale ca. 20 Min. in Salzwasser garen, abgießen und abkühlen lassen. Pellen, in ca. 0,5 cm dicke Scheiben schneiden und in einer großen Schüssel mit Brühe übergießen.

Eier hart kochen, pellen und klein würfeln. Cornichons abtropfen lassen, den Sud dabei auffangen. Cornichons in dünne Scheiben schneiden. Beides zu den Kartoffeln geben.

Für das Dressing Schmand, Mayonnaise, Joghurt und 4 EL Gurkensud mischen. Salzen und pfeffern. Mit Salat vermengen und mind. 30 Min. durchziehen lassen. Schnittlauch fein hacken und darüber streuen.

BAYRISCHER KARTOFFELSALAT

700 g kleine festkochende Kartoffeln / 200 ml Gemüsebrühe (S. 38) / 4 EL Weißweinessig / 1 TL scharfer Senf / Salz / Pfeffer / 1 Mini-Salatgurke / 1 Bund Radieschen / 2 rote Zwiebeln / 1 Bund Schnittlauch / 4 EL Rapsöl

Kartoffeln mit Schale ca. 20 Min. in Salzwasser garen, abgießen und abkühlen lassen. Pellen, in ca. 0,5 cm dicke Scheiben schneiden und in eine große Schüssel legen.

Brühe mit Essig, Senf, Salz und Pfeffer würzen, über die Kartoffeln gießen und umrühren. Zugedeckt 60 Min. ziehen lassen.

Gurke und Radieschen in feine Scheiben schneiden. Zwiebeln und Schnittlauch klein hacken. Alles zu den Kartoffeln geben und mit dem Öl untermischen.

STEIRISCHER KARTOFFELSALAT

700 g kleine festkochende Kartoffeln / 1 Zwiebel / 4 EL Weißweinessig / 4 EL Rapsöl / 1 TL Senf / Salz / Pfeffer / 200 ml Gemüsebrühe (S. 38) / 50 g Kürbiskerne / 250 g Feldsalat / 2 EL Kürbiskernöl

Kartoffeln mit Schale ca. 20 Min. in Salzwasser garen, abgießen und abkühlen lassen. Pellen, in ca. 0,5 cm dicke Scheiben schneiden und in eine große Schüssel legen.

Zwiebel klein hacken, mit Essig, Rapsöl, Senf, Salz, Pfeffer und der Brühe vermischen und über die Kartoffeln gießen. Gut vermengt und zugedeckt mind. 60 Min. ziehen lassen. Kürbiskerne rösten und mit dem Feldsalat unter den Kartoffelsalat heben. Kürbiskernöl darüber gießen.

MEIN ♥-REZEPT

MEDITERRANER OFENKARTOFFELSALAT

700 g Rosmarinkartoffeln (S. 99) / 6 EL Salsa verde (S. 152) / 300 g grüne Prinzess-Bohnen / Salz / Pfeffer / 6 frische küchenfertige Calamaretti (à ca. 40 g) / 2 EL Olivenöl / 1 rote Chilischote / 2 Knoblauchzehen / ½ Zitrone / 1 Handvoll frischer Rucola

Rosmarinkartoffeln und Salsa verde miteinander vermengen. Bohnen in Salzwasser 10 Min. kochen, zu den Kartoffeln geben, durchmischen und mit Salz und Pfeffer würzen.

Calamaretti in Ringe schneiden und in einer großen Pfanne mit Öl 1 Min. scharf anbraten. Chilischote in Ringe schneiden, Knoblauch fein hacken. Beides zugeben. Zitrone hineinpressen und alles gut durchschwenken. Calamaretti mit den Kartoffeln und dem Rucola vermengen.

PIKANTER SÜSSKARTOFFELSALAT

2 Süßkartoffeln / 2 Knoblauchzehen / 200 g Chorizo / 8 EL Olivenöl / Salz / Pfeffer / 1 Pr. Zimt / 12 reife Kirschtomaten / 3 Frühlingszwiebeln / 4 EL Balsamico Bianco / 1 TL Senf / 1 TL Honig

Süßkartoffeln in ca. 1,5 cm große Würfel schneiden. Knoblauchzehen vierteln. Chorizo in Scheiben schneiden. Alles auf einem Backblech verteilen, mit 4 EL Öl beträufeln und mit Salz, Pfeffer und Zimt würzen. Im Ofen 15–20 Min. bei 200 °C garen.

Tomaten halbieren, Frühlingszwiebeln in Ringe schneiden. Für die Vinaigrette Essig, Senf, Honig, Salz und Pfeffer verquirlen. 4 EL Öl langsam unterschlagen. Alle Zutaten mischen.

MÖHRENSALAT

MÖHREN-APFEL-SALAT

500 g Möhren / 3 kleine Äpfel (z. B. Elstar, Braeburn) / 1 Zitrone / 2 EL Rapsöl / 1 Pr. Rohrohrzucker / Salz / Pfeffer / 2 EL Sonnenblumenkerne

Möhren und Äpfel zu feinen Stiften hobeln und in eine Schüssel geben. Zitrone darüber auspressen. Öl und Zucker hinzugeben und alles umrühren. Zugedeckt mind. 2 Std. im Kühlschrank ziehen lassen.

Salat mit Salz und Pfeffer abschmecken. Sonnenblumenkerne in einer Pfanne rösten und über den Salat streuen.

ANDALUSISCHER MÖHRENSALAT

500 g Möhren / 200 ml Gemüsebrühe (S. 38) / 2 Knoblauchzehen / 4 EL Weißweinessig / 4 EL Olivenöl / Salz / Pfeffer / 4 Zweige Oregano / 1 TL edelsüßes Paprikapulver / 1 TL Kreuzkümmel

Möhren schälen und leicht schräg in dünne Scheiben schneiden. Brühe aufkochen, Möhren zugeben und zugedeckt ca. 8 Min. bissfest garen. Danach in eine Schüssel geben.

Knoblauch sehr fein hacken, mit Essig, Öl, Salz, Pfeffer und den Gewürzen zu den Möhren geben, verrühren und zugedeckt mind. 2 Std. ziehen lassen. Den Salat gelegentlich durchmischen.

WALDORF-MÖHREN-SALAT

2 Äpfel / 500 g Möhren / 250 g Knollensellerie / 1 Zitrone / 2 Frühlingszwiebeln / 6 Walnüsse / 1 Pr. Rohrohrzucker / 100 g Delikatess-Mayonnaise / 50 g Joghurt / Salz / Pfeffer / 1 TL rosa Pfefferkörner

Äpfel mit Schale, Möhren und Sellerie zu Stiften hobeln und in eine Schüssel geben. Zitrone darüber auspressen.

Frühlingszwiebeln in feine Ringe schneiden. Walnusskerne hacken und in einer Pfanne rösten. Beides dazugeben und mit Zucker bestreuen.

Mayonnaise mit Joghurt mischen, salzen, pfeffern und mit dem Salat vermengen. Zugedeckt im Kühlschrank mind. 2 Std. durchziehen lassen. Die Pfefferkörner grob mahlen und über den Salat streuen.

ROTE-LINSEN-MÖHREN-SALAT

500 g Rote Linsen / 4 EL Balsamico Bianco / 6 EL Olivenöl / 2 rote Zwiebeln / 1 Pr. Rohrohrzucker / 1 Schuss Likör (z. B. Marsala, Sherry) / 60 g Cranberries / 4 Möhren / 2 Äpfel / 5 Stiele glatte Petersilie / ½ Zitrone / Salz / Pfeffer

Linsen in kochendem Wasser 12–15 Min. bissfest garen. In eine Schüssel geben, mit 2 EL Essig und 2 EL Öl marinieren.

Zwiebeln würfeln und in einer Pfanne mit 2 EL Öl glasig dünsten, mit Zucker karamellisieren und mit Likör ablöschen. Cranberries hacken und mit den Zwiebeln zu den Linsen geben.

Möhren in feine Streifen hobeln, Äpfel mit Schale in kleine Würfel schneiden. Petersilienblätter hacken. Alles mit den Linsen vermengen. Zitrone darüber auspressen, 2 EL Essig und 2 EL Öl zufügen. Salat vermengen und mit Salz und Pfeffer abschmecken.

ORIENTALISCHER MÖHRENSALAT MIT KICHERERBSEN

4 Möhren / 4 Schalotten / 1 Bio-Orange, Saft und 3 Streifen Schale / 6 EL Olivenöl / 1 Pr. Rohrohrzucker / Salz / Pul Biber / 2 EL Rosinen / 3 Zweige Minze / 3 EL Sesam / 1 Dose Kichererbsen (400 g) / 1 EL Weißweinessig

Möhren schräg in Scheiben schneiden. Schalotten fein würfeln. Einen Streifen Orangenschale abziehen. Alles in einer Pfanne mit 2 EL Öl andünsten. Mit Zucker karamellisieren, mit Salz und Pul Biber würzen und die Orange darüber auspressen. Bei geringer Hitze zugedeckt unter Rühren 8 Min. garen, bei Bedarf Wasser zufügen.

Orangenschale herauslesen und mit den Rosinen und Minzblättchen fein hacken. Sesam in einer Pfanne rösten.

Alles zusammen mit den Kichererbsen und unter Zugabe von Essig und 4 EL Öl vermengen.

CAESAR SALAD

CAESAR SALAD

2 kleine Köpfe Römersalat / 2 Knoblauchzehen / 6 Sardellenfilets / 100 g Parmesan / ½ Zitrone / 2 Eier / 250 ml Olivenöl / 2 TL Worcestersauce / 1 TL Zucker / Salz / Pfeffer / 100 g Weißbrot / 25 g Butter / 2 Korianderstängel

Salatherzen und hellgrüne Blätter zerkleinern. Knoblauch und Sardellen fein hacken. 50 g Parmesan reiben, 50 g Parmesan hobeln. Zitrone auspressen.

Eier trennen, Eigelbe in einer Schüssel mit Zitronensaft verrühren. Das Öl im dünnen Strahl mit einem Schneebesen unterrühren. Knoblauch, geriebenen Parmesan, Sardellen und Worcestersauce hinzugeben und mit Zucker, Salz und Pfeffer abschmecken. Dressing mit dem Salat in einer Schale vermischen.

Brot würfeln, in einer Pfanne mit Butter goldbraun rösten und mit den Korianderblättern und den Parmesanhobel über den Salat geben.

CAESAR SALAD MIT LAMMFILET

1 Chilischote / 1 Knoblauchzehe / ¼ Zimtstange / 1 EL Koriandersamen / 1 EL schwarze Pfefferkörner / 1 Limette / 80 ml Olivenöl / 400 g Lammfilets / Caesar Salad

Chilischote und Knoblauchzehe fein hacken. Zimtstange, Koriandersamen und Pfefferkörner in einem Mörser zermahlen. Limette auspressen. Alles mit 50 ml Öl vermischen und mit den Filets in einem Gefrierbeutel mind. 4 Std. (am besten über Nacht) im Kühlschrank lagern.

Caesar Salad zubereiten. Fleisch bei starker Hitze 3 Min. in einer Pfanne mit 30 ml Öl anbraten und 10 Min. im Ofen bei 140 °C fertig garen. Danach in Scheiben schneiden und mit den Croûtons, den Korianderblättern und Parmesanhobeln auf dem Salat anrichten.

CAESAR SALAD MIT TOMATEN UND SPECK

Caesar Salad / 1 TL Dijon-Senf / 2 EL Weißweinessig / 12 Kirschtomaten / 100 g durchwachsener Speck

Caesar Salad zubereiten. Zusätzlich Senf und Essig in das Dressing geben und verrühren. Tomaten halbieren und mit dem Salat in einer Schale vermischen.

Speck in dünne Scheiben schneiden und in der Pfanne knusprig anbraten. Mit den Croûtons, den Korianderblättern und den Parmesanhobeln auf dem Salat verteilen.

CAESAR SALAD MIT GARNELEN

Caesar Salad / 12 Kirschtomaten / ½ Zitrone / 2 Knoblauchzehen / 50 ml Olivenöl / 3 Zweige Thymian / 1 Zweig Rosmarin / 200 g TK-Riesengarnelen (ohne Schale) / 100 ml Weißwein / Meersalz / Pfeffer

Caesar Salad zubereiten. Tomaten halbieren und mit dem Salat in einer Schale vermischen.

Zitrone auspressen. Knoblauchzehen vierteln und mit dem Öl, den Gewürzzweigen und den Garnelen in einer Pfanne ca. 4 Min. sanft anbraten. Mit dem Zitronensaft beträufeln und dem Weißwein ablöschen. Salzen und pfeffern. Die Garnelen mit den Croûtons, den Korianderblättern und Parmesanhobeln auf dem Salat anrichten.

CAESAR SALAD MIT HÄHNCHENBRUST

Caesar Salad / 2 TL Currypulver / 2 EL Weißweinessig / 2 Zweige Rosmarin / 30 ml Olivenöl / Fleur de Sel / Pfeffer / 4 Hähnchenbrustfilets (je 150 g) / 4 Eier

Caesar Salad zubereiten. Das Dressing mit Currypulver und Essig verfeinern. Rosmarinnadeln mit Öl, Salz und Pfeffer vermischen, die Filets damit einreiben und in einer Auflaufform mit Alufolie zugedeckt 20 Min. im Ofen bei 190 °C garen. Danach das Fleisch in mundgerechte Stücke schneiden.

Eier hart kochen, vierteln und mit dem Salat und dem Dressing in einer Schale vermischen. Die Croûtons mit dem Fleisch, den Korianderblättern und den Parmesanhobeln auf den Salat geben.

TOMATENSALAT

TOMATEN-WASSERMELONEN-SALAT

2 Bio-Zitronen / 1 Vanilleschote / 2 EL Honig / 8 EL Olivenöl / Salz / Pfeffer / 1 Grapefruit / 4 Tomaten / 400 g Wassermelone / 1 rote Zwiebel / 3 Zweige Minze / 2 EL Kürbiskerne

Fürs Dressing die Schale von 1 Zitrone abziehen. 2 Zitronen auspressen. Mark aus der Vanilleschote kratzen. Alles mit dem Honig in einem Topf bei mittlerer Hitze 5 Min. einkochen lassen, dabei ab und zu umrühren. Zitronenschalen entfernen. Den Sirup mit Öl verquirlen und mit Salz und Pfeffer würzen.

Grapefruit filetieren. Tomaten und Melone in dünne Scheiben, Zwiebel in feine Streifen schneiden. Alles in eine Schüssel geben. Minze fein hacken und hinzufügen. Dressing mit dem Salat vermischen. Kürbiskerne rösten und darüber streuen.

TOMATEN-KRÄUTER-SALAT

8 Tomaten / 1 rote Zwiebel / ½ Bund Schnittlauch / 2 Stiele Petersilie / 1 EL Rohrohrzucker / ½ Zitrone / 4 EL Balsamico Bianco / 8 EL Olivenöl / Salz / Pfeffer

Tomaten in mundgerechte Stücke, Zwiebel in feine Streifen schneiden. Beides in eine Schüssel geben. Kräuter fein hacken und mit dem Zucker dazugeben.

Zitrone auspressen und mit Essig und Öl in die Schüssel gießen. Alles vermengen und mit Salz und Pfeffer abschmecken.

KIRSCHTOMATEN-MOZZARELLA-SALAT

40 Kirschtomaten / 2 Becher Baby-Mozzarella-Kugeln (à 285 g) / 4 Stiele Basilikum / Fleur de Sel / Pfeffer / 2 EL Aceto Balsamico / 8 EL Olivenöl

Tomaten halbieren. Mozzarella abtropfen lassen und ebenfalls halbieren. Beides in eine Schüssel geben.

Basilikumblätter hinzugeben und alles vermengen, mit Salz und Pfeffer würzen und mit Essig und Öl abschmecken.

TOMATEN-THUNFISCH-SALAT MIT WEISSEN BOHNEN

1 Dose Cannellini Bohnen (400 g) / 1 Dose Thunfisch (140 g) / 6 Tomaten / 1 Stange Staudensellerie / 1 rote Zwiebel / 1 säuerlicher Apfel (z. B. Elstar) / 4 Stiele glatte Petersilie / 1 EL Kapern Nonpareilles / 4 EL Balsamico Bianco / 8 EL Olivenöl / Salz / Pfeffer

Bohnen und Thunfisch in ein Sieb geben und abtropfen lassen. Thunfisch grob zerbröseln.

Tomaten in mundgerechte Stücke, Staudensellerie in dünne Scheiben und Zwiebel in feine Streifen schneiden. Apfel mit Schale klein würfeln. Petersilienblätter fein hacken.

Alle Zutaten mit den Kapern in eine Schüssel geben. Essig, Öl, Salz und Pfeffer hinzugeben und alles vermengen.

TOMATEN-SPARGEL-SALAT MIT AVOCADO

1 Bund grüner Spargel / 8 EL Olivenöl / 1 EL Rohrohrzucker / 24 Kirschtomaten / ½ Orange / Fleur de Sel / Pfeffer / 1 Avocado / 2 Frühlingszwiebeln / 500 g Büffelmozzarella / 2 Stiele Basilikum / ½ Zitrone / 4 EL Balsamico Bianco / 2 EL Cashewkerne

Spargel blanchieren, schräg in 4 Stücke schneiden, in einer Pfanne mit 2 EL Öl anbraten und mit Zucker karamellisieren. Tomaten halbieren und in die heiße Pfanne geben. Orange darüber auspressen, salzen und pfeffern. Alles durchschwenken und in eine Schüssel umfüllen.

Avocado in Scheiben, Zwiebeln in Ringe und Mozzarella in Stücke schneiden. Basilikumblätter grob hacken. Alles in die Schüssel geben. Zitrone darüber auspressen, Essig und 6 EL Öl hineingießen und mit Salz und Pfeffer abschmecken. Cashewkerne in einer Pfanne goldbraun rösten und darüber streuen.

MEIN ♥-REZEPT

NUDELSALAT

NUDELSALAT

400 g Penne / 300 g Fleischwurst / 130 g Cornichons / 100 g Emmentaler / 50 g Schmand / 100 ml Delikatess-Mayonnaise / 100 g Joghurt / Salz / Pfeffer / ½ Bund Schnittlauch

Nudeln nach Packungsanleitung im Salzwasser al dente kochen, beim Abgießen ca. 100 ml Nudelwasser auffangen. Nudeln in eine Schale geben.

Fleischwurst in Streifen, Cornichons in Scheiben schneiden, Gurkensud aufbewahren. Käse klein würfeln. Alles zu den Nudeln geben.

Schmand, Mayonnaise, Joghurt und 5 EL Gurkensud verrühren und mit Salz und Pfeffer würzen. Den Salat mit dem Dressing verrmengen und mind. 1 Std. im Kühlschrank durchziehen lassen. Schnittlauch fein hacken und über den Salat streuen. Bei Bedarf mit etwas Nudelwasser verdünnen.

NUDELSALAT MEDITERRAN

400 g Orecchiette / 3 EL Bärlauchpesto (S. 141) / 1 rote Zwiebel / 1 gelbe Paprika / 1 kleiner Apfel / 1 Mini-Salatgurke / 1 Staudensellerie / 200 g Feta / 4 Stiele Petersilie / 4 EL Balsamico Bianco / 3 EL Olivenöl / 2 TL Honig / Salz / Pfeffer

Nudeln nach Packungsanleitung im Salzwasser al dente kochen. Beim Abgießen ca. 100 ml Nudelwasser auffangen. Die Nudeln in einer Schüssel mit dem Pesto mischen.

Zwiebel in feine Streifen, Paprika und Apfel in Würfel schneiden. Gurke und Sellerie in Scheiben schneiden. Käse klein würfeln, Petersilienblättchen hacken.

Alles mit den Nudeln verrühren und mit Essig, Öl, Honig, Salz und Pfeffer würzen. Salat mind. 1 Std. durchziehen lassen. Bei Bedarf mit etwas Nudelwasser verdünnen.

NUDELSALAT CAPRESE

400 g Orecchiette / 100 g Basilikumpesto (S. 141) / 2 EL Pinienkerne / 16 Kirschtomaten / 2 Frühlingszwiebeln / 2 Becher Baby-Mozzarella-Kugeln (à 285 g) / 2 EL Balsamico Bianco / Salz / Pfeffer / 4 Stiele Basilikum

Nudeln nach Packungsanleitung im Salzwasser al dente kochen. Beim Abgießen ca. 100 ml Nudelwasser auffangen. Nudeln in einer Schüssel mit dem Pesto mischen.

Pinienkerne goldbraun rösten. Tomaten vierteln, Frühlingszwiebeln in feine Streifen schneiden. Mozzarella abtropfen lassen und halbieren. Alles mit den Nudeln durchmischen, mit dem Essig beträufeln und mit Salz und Pfeffer würzen. Basilikum grob hacken und über den Salat streuen. Bei Bedarf mit etwas Nudelwasser verdünnen.

NUDELSALAT ANTIPASTI

400 g Farfalle / 8 EL Olivenöl / 2 EL Pinienkerne / 1 rote Zwiebel / 2 gelbe Paprikaschoten / 6 getrocknete Tomaten / 2 Knoblauchzehen / 1 Zweig Rosmarin / 2 EL Rohrohrzucker / 20 ml Portwein / 1 Handvoll Rucola / 40 g Parmesan / 4 EL Balsamico Bianco / Salz / Pfeffer

Nudeln nach Packungsanleitung im Salzwasser al dente kochen. Beim Abgießen ca. 100 ml Nudelwasser auffangen. Nudeln in einer Schüssel mit 3 EL Öl mischen.

Pinienkerne goldbraun rösten. Zwiebel, Paprika und Tomaten in feine Streifen schneiden. Knoblauch und Rosmarinnadeln klein hacken. Alles in einer Pfanne mit 2 EL Öl dünsten, mit Zucker karamellisieren und mit Portwein ablöschen.

Alle Zutaten mit Rucola unter den Nudeln vermengen, Parmesan darüber hobeln. Salat mit Essig, 3 EL Öl, Salz und Pfeffer würzen und bei Bedarf mit etwas Nudelwasser verdünnen.

NUDELSALAT MIT HUHN

400 g Penne / 2 Hähnchenbrustfilets (ca. 400 g) / 2 EL Rapsöl / ½ Zitrone / 1 TL Pul Biber / Salz / Pfeffer / 1 kleine Dose Mandarinen (175 g) / 8 Radieschen / 2 Frühlingszwiebeln / 50 g Schmand / 100 ml Delikatess-Mayonnaise / 100 g Joghurt

Nudeln nach Packungsanleitung im Salzwasser al dente kochen und in eine Schale geben. Beim Abgießen ca. 100 ml Nudelwasser auffangen.

Fleisch in einer Pfanne mit Öl ca. 10 Min. braten. Zitrone darüber auspressen und mit Pul Biber, Salz und Pfeffer würzen. In Streifen schneiden. Mit Nudelwasser unter Rühren den Bratenfond in der Pfanne lösen, einen Schuss über die Nudeln gießen.

Mandarinen abtropfen lassen. Radieschen in feine Scheiben, Frühlingszwiebeln in feine Ringe schneiden. Alles zu den Nudeln geben. Schmand, Mayonnaise, Joghurt, Salz und Pfeffer mischen und in den Salat rühren. Mind. 1 Std. im Kühlschrank durchziehen lassen. Bei Bedarf mit etwas Nudelwasser verdünnen.

GURKENSALAT

GURKEN-DILL-SALAT

½ Bund Dill / ½ Zitrone / ½ Knoblauchzehe / 150 griechischer Joghurt / 150 g Sauerrahm / Salz / Pfeffer / 2 Salatgurken

Fürs Dressing Dill fein hacken, Zitrone auspressen und Knoblauch pressen. Alles mit Joghurt und Sauerrahm in einer Schüssel verrühren. Mit Salz und Pfeffer abschmecken.

Die Gurken mit Schale in dünne Scheiben schneiden, mit der Hand etwas ausdrücken und mit dem Dressing vermischen. Im Kühlschrank mind. 30 Min. ziehen lassen.

GURKEN-AVOCADO-SALAT MIT DICKEN BOHNEN

200 g Dicke Bohnen (TK) / 2 EL Pistazienkerne / 1 Salatgurke / 2 Frühlingszwiebeln / 2 Bio-Orangen / 1 Avocado / 1 EL Honig / 4 EL Balsamico Bianco / 4 EL Olivenöl / Salz / Pul Biber

Dicke Bohnen in kochendem Salzwasser nach Packungsangabe garen. Pistazien rösten. Gurke mit Schale in Scheiben schneiden und mit der Hand etwas ausdrücken. Frühlingszwiebeln in feine Streifen schneiden. Von 1 Orange die Hälfte der Schale abreiben. Beide Orangen filetieren, Saft auffangen. Avocado in Scheiben schneiden. Alles in eine Schüssel geben.

Orangensaft, Abrieb, Honig, Essig, Öl, Salz und Pul Biber verquirlen und mit dem Salat vermengen.

GRIECHISCHER GURKEN-TOMATEN-SALAT

1 Salatgurke / 4 Strauchtomaten / 1 rote Paprika / 2 Frühlingszwiebeln / ½ Zitrone / 1 Avocado / 2 EL Kürbiskerne / 200 g Feta / 4 EL Balsamico Bianco / 4 EL Olivenöl / Salz / Pfeffer / 2 Stiele glatte Petersilie

Gurke halbieren, entkernen und mit den Tomaten in mundgerechte Würfel schneiden. Paprika entkernen, vierteln und quer in feine Streifen schneiden. Frühlingszwiebeln fein hacken.

Zitrone auspressen. Avocadofleisch in Scheiben schneiden, mit 1 EL Zitronensaft marinieren. Alles in eine Schüssel geben und durchmischen.

Kürbiskerne rösten, Schafskäse würfeln, beides zufügen. Mit Essig und Öl marinieren, mit Salz und Pfeffer abschmecken. Petersilie fein hacken und untermischen.

TOSKANISCHER BROTSALAT

½ Ciabatta / 2 Knoblauchzehen / 2 EL Pinienkerne / 1 Salatgurke / 1 rote Zwiebel / 300 g Kirschtomaten / 1 EL Kapern Nonpareilles / 6 EL Balsamico Bianco / 6 EL Olivenöl / 4 Stiele Basilikum / Fleur de Sel / Pfeffer

Brot längsseitig halbieren, auf dem Gitter unter dem heißen Backofengrill beidseitig goldbraun rösten. Mit Knoblauch einreiben und grob würfeln. Pinienkerne rösten.

Gurke mit Schale in Würfel, Zwiebel in Streifen schneiden. Tomaten halbieren. Alles mit Kapern, Essig und Öl in eine Schale geben und gut vermischen.

Basilikumblätter fein hacken und mit dem Röstbrot und den Pinienkernen unter den Salat mengen und durchziehen lassen. Mit Fleur de Sel und Pfeffer abschmecken.

GURKEN-MELONEN-SALAT MIT MINZE

1 Salatgurke / ½ Honigmelone / 1 Avocado / 2 Frühlingszwiebeln / ½ Zitrone / 4 Zweige Minze / 4 EL Balsamico Bianco / 4 EL Olivenöl / 1 EL Honig / 150 g Sauerrahm / ½ Knoblauchzehe / 1 TL Harissa-Paste (oder Pul Biber) / Salz / 1 Kugel Mozzarella

Gurke mit Schale und Melone in Würfel, Avocado in Spalten, Frühlingszwiebeln in feine Ringe schneiden. Alles in eine Schüssel geben. Zitrone darüber auspressen.

Minzblättchen, Essig, Öl, Honig, Sauerrahm, Knoblauch und Harissa mit einem Stabmixer pürieren. Mit Salz abschmecken.

Die Abtropfflüssigkeit im Salat abgießen. Mozzarella würfeln, mit dem Dressing zum Salat geben und alles gut mischen.

MEIN ♥-REZEPT

COUSCOUS-SALAT

1 TABBOULEH

1 Bio-Zitrone / 250 g Couscous / 1 kleine Salatgurke / 3 Strauchtomaten / 4 Frühlingszwiebeln / 40 g Rosinen / ½ Bund glatte Petersilie / 4 Zweige Minze / 6 EL Olivenöl / Salz / Pul Biber

Einen Streifen Schale von der Zitrone abziehen, Saft auspressen. Couscous mit der Zitronenschale in eine Schüssel geben und mit 300 ml heißem Wasser übergießen, durchmischen und ca. 15 Min. quellen lassen.

Gurke und Tomaten in kleine Würfel, Frühlingszwiebeln in feine Ringe schneiden. Rosinen und Kräuter hacken. Alles mit Zitronensaft, Öl und dem Couscous vermischen. Mit Salz und Pul Biber abschmecken. Zitronenschale entfernen.

2 GRANATAPFEL-COUSCOUS-SALAT

1 Bio-Zitrone / 1 große Zwiebel / 6 EL Olivenöl / ½ TL Kreuzkümmel / 20 ml Marsala / 250 g Couscous / 50 g Pistazienkerne / 3 Frühlingszwiebeln / 50 g Cranberries / 4 Zweige Minze / 1 Granatapfel / Salz / Pul Biber

Einen Streifen Schale von der Zitrone abziehen, Saft auspressen. Zwiebel fein hacken, in 2 EL Öl andünsten, Kreuzkümmel zufügen und mit Marsala ablöschen. Alles bis auf den Zitronensaft mit dem Couscous in eine Schüssel geben und mit 300 ml heißem Wasser übergießen, durchmischen und ca. 15 Min. quellen lassen.

Pistazien grob hacken und rösten. Frühlingszwiebeln in feine Ringe schneiden. Cranberries und Minzblätter hacken. Die Granatapfelkerne lösen. Alles zum Couscous geben und mit Zitronensaft, 4 EL Öl, Salz und Pul Biber abschmecken. Zitronenschale entfernen.

3 COUSCOUS-SALAT MIT DATTELN UND MANDELN

1 Bio-Orange / 2 rote Zwiebeln / 6 EL Olivenöl / 2 Pr. Zimt / 20 ml Marsala / 250 g Couscous / 50 g braune Mandelkerne / 40 g Rosinen / 8 Datteln / 4 getrocknete Tomaten / 4 Stiele glatte Petersilie / 2 EL Weißweinessig / Salz / Pul Biber / 200 g Feta

Einen Streifen Schale von der Orange abziehen, restliche Schale abreiben und den Saft auspressen. Zwiebeln fein hacken, in 2 EL Öl andünsten, Zimt zufügen und mit Marsala ablöschen. Alles bis auf den Orangenabrieb mit 200 ml Wasser aufkochen und über den Couscous in eine Schüssel gießen, durchmischen und ca. 15 Min. quellen lassen.

Mandelkerne grob hacken, in einer Pfanne in 2 EL Öl goldbraun rösten. Rosinen, Datteln, getrocknete Tomaten und Petersilienblätter fein hacken. Alles zum Couscous geben, mit Essig, 4 EL Öl, Salz, Pul Biber und dem Orangenabrieb abschmecken. Feta klein würfeln und untermengen.

4 APRIKOSEN-COUSCOUS-SALAT

1 Bio-Zitrone / 2 Orangen / 1 große Zwiebel / 6 EL Olivenöl / ½ TL Kreuzkümmel / 20 ml Marsala / 250 g Couscous / 50 g blanchierte Mandelkerne / 3 Frühlingszwiebeln / 12 getrocknete Aprikosen / 4 Zweige Minze / Salz / Pul Biber / 200 g Ziegenkäse

Einen Streifen Schale von der Zitrone abziehen. Zitrone und Orangen auspressen. Zwiebel fein hacken, in 2 EL Öl andünsten, Kreuzkümmel zufügen und mit Marsala ablöschen. Alles bis auf den Zitronensaft mit 200 ml Wasser aufkochen und über den Couscous in eine Schüssel gießen, durchmischen und ca. 15 Min. quellen lassen.

Mandeln grob hacken, in einer Pfanne in 2 EL Öl goldbraun rösten. Frühlingszwiebeln in feine Ringe schneiden, Aprikosen klein würfeln, Minze fein hacken. Alles zum Couscous geben und mit Zitronensaft, 2 EL Öl, Salz und Pul Biber abschmecken. Zitronenschale entfernen. Ziegenkäse grob zerbröselt unter den Salat mengen.

5 BLUMENKOHL-COUSCOUS-SALAT

1 Blumenkohl / Salz / 1 rote Zwiebel / 6 EL Olivenöl / 1 Bio-Zitrone / 2 EL Pistazienkerne / 3 Frühlingszwiebeln / ½ Bund Dill / 150 g Schmand / 50 g Sauerrahm / Pul Biber

Blumenkohl zu großen Röschen zerteilen, mit 1 Pr. Salz im Zerkleinerer zu Couscous großen Bröseln mixen. Zwiebel fein würfeln, in einer großen Pfanne mit Öl andünsten. Blumenkohl zufügen und unter Wenden 3 Min. mitgaren. ½ Schale der Zitrone darüber reiben und den Saft hineinpressen.

Pistazien grob hacken und rösten. Frühlingszwiebeln in feine Ringe schneiden. Beides zum Blumenkohl geben. Dill fein hacken, mit Schmand und Sauerrahm verrühren. ½ Schale der Zitrone darüber reiben und mit Salz und Pul Biber abschmecken. Dressing mit dem Salat vermengen.

MEIN ♥-REZEPT

ROTE-BETE-SALAT

ROTE-BETE-SALAT MIT ORANGE UND WEISSEN BOHNEN

4 gekochte Rote Beten (á ca. 200 g) / 1 rote Zwiebel / 1 EL Rosinen / 1 Orange / 1 Dose Weiße Bohnen (à 400 g) / 150 g Mini-Mangold / 1 EL Honig / 4 EL Balsamico bianco / 4 EL Olivenöl / Salz / Pul Biber

Rote Beten in Spalten, rote Zwiebel in feine Streifen schneiden. Rosinen klein hacken. Orange filetieren, Saft dabei auffangen. Alle festen Zutaten mit Bohnen und Mangold in eine Schüssel geben.

Den Orangensaft mit Essig, Honig und Öl verquirlen und mit Salz und Pul Biber abschmecken. Das Dressing unter den Salat mischen.

ROTE-BEETE-SALAT MIT BIRNE UND NÜSSEN

1 kleine rote Zwiebel / 1 Birne / 4 gekochte Rote Beten (á ca. 200 g) / 4 EL Balsamico Bianco / 4 EL Olivenöl / 2 EL Haselnussöl / Fleur de Sel / Pfeffer / 10 Walnüsse / 10 Haselnüsse / 20 g Kürbiskerne / 1 EL Puderzucker

Zwiebel fein hacken, Birne klein würfeln. Rote Beten in ca. 1 cm große Würfel schneiden. Alles in eine Schüssel geben, mit dem Essig und den beiden Ölen marinieren und mit Salz und Pfeffer würzen.

Walnüsse und Haselnüsse grob hacken und mit den Kürbiskernen in einer Pfanne rösten. Mit Puderzucker karamellisieren, dann salzen. Auf einem mit Backpapier ausgelegten Blech auskühlen lassen und unter den Salat mischen.

Die karamellisierten Nüsse unter den Salat mischen.

ROTE-BETE-CARPACCIO MIT TRAUBEN UND SCHAFSKÄSE

4 gekochte Rote Beten (á ca. 200 g) / 20 Walnüsse / 20 kernlose rote Trauben / 200 g Schafskäse / 1 kleine rote Zwiebel / 4 EL Balsamico Bianco / 4 EL Olivenöl / 2 EL Walnussöl / Salz / Pfeffer

Rote Beten in feine Scheiben schneiden, fächerförmig anrichten. Walnüsse hacken und in einer Pfanne rösten, Trauben halbieren, Schafskäse grob stückeln. Alles über die Rote Bete streuen.

Zwiebel in feine Streifen schneiden, mit Essig und beiden Ölen übergießen. Salzen und pfeffern.
Vinaigrette über die
Roten Beten träufeln.

ROTE-BETE-SALAT MIT FORELLE UND MEERRETTICHQUARK

1 Apfel / 4 gekochte Rote Beten (á ca. 200 g) / 1 rote Zwiebel / 2 Stiele Dill / 4 EL Balsamico Bianco / 4 EL Olivenöl / ½ TL körniger Senf / Salz / Pfeffer / 4 geräucherte Forellenfilets / 150 g Sahnequark (40 % Fettgehalt) / 3 EL Tafel-Meerrettich / 3 kleine Pumpernickel-Taler / 1 EL Rohrohrzucker

Apfel und Rote Beten in Spalten, Zwiebel in feine Streifen schneiden. Dill klein hacken. Alles in eine Schüssel geben. Essig, Öl, Senf, Salz und Pfeffer verquirlen und den Salat damit marinieren. Forellenfilets in mundgerechte Stücke zerteilen und locker unter den Salat heben.

Quark mit Meerrettich und 1 Pr. Pfeffer verrühren. Pumpernickel zerbröseln, in einer Pfanne 3–4 Min. rösten. Zucker zugeben, unter Rühren karamellisieren und auskühlen lassen. Meerrettichquark und Pumpernickelbrösel auf dem Salat verteilen.

ROTE-BETE-BULGUR-SALAT MIT KICHERERBSEN

½ Bio-Orange / 1 EL Balsamico Bianco / 5 EL Olivenöl / Salz / Pul Biber / 4 gekochte Rote Beten (á ca. 200 g) / 1 Schalotte / ½ TL Kreuzkümmel / 125 g Bulgur / 200 ml Wasser / 3 Frühlingszwiebeln / 1 Dose Kichererbsen (à 400 g)

Die Schale der Orange abreiben, den Saft auspressen. Beides mit Essig, 4 EL Öl, Salz und Pul Biber verquirlen. Rote Beten in Spalten schneiden, mit dem Dressing mischen und ziehen lassen.

Schalotte fein würfeln, in einer Pfanne mit 1 EL Öl glasig dünsten. Kreuzkümmel einrühren, Bulgur zugeben und kurz mitrösten. Mit Wasser ablöschen, salzen und zugedeckt bei kleiner Hitze ca. 10 Min. garen. Bulgur offen abkühlen lassen.

Frühlingszwiebeln in feine Ringe schneiden und mit Kichererbsen unter den Bulgur mischen. Mit Salz und Pul Biber würzen. Die Roten Beten unterheben.

MEIN ♥-REZEPT

BLATTSALAT

KOPFSALAT MIT JOGHURT-DRESSING

2 kleine Kopfsalate / 1 Mini-Salatgurke / 6 Radieschen / 1 kleiner Apfel / 2 Frühlingszwiebeln / 2 EL Sonnenblumenkerne / ½ Bund Schnittlauch / ½ Orange / 150 g Joghurt / 100 g Sauerrahm / 1 TL Senf / 2 TL Zucker / 3 EL Weißweinessig / Salz / Pfeffer

Salate grob zerkleinert in eine große Schüssel geben. Gurke und Radieschen in Scheiben, Apfel in Spalten und Frühlingszwiebeln in feine Ringe schneiden. Sonnenblumenkerne rösten. Alles zum Salat geben.

Für das Dressing Schnittlauch fein hacken. Orange auspressen. Beides mit den übrigen Zutaten verrühren und mit Salz und Pfeffer abschmecken. Dressing unter den Salat mischen.

SOMMERSALAT MIT BEEREN, AVOCADO UND ZIEGENKÄSE

1 kleiner roter Salatkopf / 1 kleiner grüner Salatkopf / 1 Bund Rucola / 2 Frühlingszwiebeln / 1 Avocado (z. B. Hass) / 60 g Erdbeeren / 2 EL Pistazienkerne / 60 g Himbeeren / 1 kleine Ziegenfrischkäserolle / 4 EL Olivenöl / 3 EL Himbeeressig / Fleur de Sel / Pfeffer

Salate grob zerkleinert in eine große Schüssel geben. Frühlingszwiebeln in feine Ringe, Avocado in Spalten schneiden. Erdbeeren halbieren. Pistazien rösten. Alles mit den Himbeeren unter den Salat heben.

Ziegenkäse grob zerbröseln, mit dem Essig und Öl über den Salat geben. Mit Salz und Pfeffer würzen.

FRISÉESALAT MIT KICHERERBSEN, ORANGEN UND FETA

1 Friséesalat / 1 kleiner Radicchio / 1 Chicorée / 1 rote Zwiebel / 200 g Feta / 1 Dose Kichererbsen (à 400 g) / 2 Orangen / 3 EL Weißweinessig / 4 EL Olivenöl / 1 EL Honig / Chilisalz / Pul Biber

Salate grob zerkleinert in eine große Schüssel geben. Zwiebel in feine Streifen schneiden, Feta würfeln. Beides mit den Kichererbsen unter den Salat mischen. Orangen filetieren, Saft dabei auffangen. Die Orangenstücke zum Salat geben.

Orangensaft, Essig, Öl, Honig, Salz und Pul Biber gut verquirlen. Dressing über den Salat träufeln.

MEIN ♥-REZEPT

FRÜHLINGSSALAT MIT SPARGEL, PARMA UND EI

1 kleiner roter Salatkopf / 1 kleiner grüner Salatkopf / 2 Frühlingszwiebeln / 1 Bund grüner Spargel / 6 EL Olivenöl / 1 Pr. Rohrohrzucker / 1 Orange / 4 Eier / Fleur de Sel / 2 EL Mandelblättchen / 8 Scheiben Parmaschinken / 3 EL Balsamico Bianco / ½ TL Senf / 1 EL Honig / Pfeffer

Salate grob zerkleinert in eine große Schüssel geben. Frühlingszwiebeln in feine Ringe schneiden, hinzufügen. Spargel garen und schräg in 3 Stücke schneiden. In einer Pfanne mit 2 EL Öl anbraten, mit Zucker karamellisieren und mit der ½ Menge des Orangensafts ablöschen.

Eier hart kochen, halbieren und mit Fleur de Sel würzen. Mandeln hellbraun rösten. Beides mit dem Spargel und dem Parmaschinken auf dem Salat verteilen. ½ Menge des Orangensafts mit Essig, 4 EL Öl, Senf und Honig verquirlen, mit Salz und Pfeffer würzen. Dressing über den Salat geben.

KOPFSALAT MIT LACHS, ANANAS UND AVOCADO

2 kleine Kopfsalate / 1 Mini-Salatgurke / 2 Frühlingszwiebeln / 1 Avocado (z. B. Hass) / ¼ Ananas / 1 Zitrone / 4 Lachsfilets ohne Haut (à ca. 150 g) / 4 EL Rapsöl / Salz / Pfeffer / ½ Bund Dill / 150 g Joghurt / 100 g Sauerrahm / 1 TL Senf / 4 EL Weißweinessig / 1 EL Honig

Salate grob zerkleinert in eine große Schüssel geben. Gurke in Scheiben, Zwiebeln in feine Ringe, Avocado in Spalten und Ananas in ca. 1 cm große Würfel schneiden. Alles mit dem Salat mischen, ½ Zitrone darüber auspressen.

Lachsfilet in 3 cm große Würfel schneiden und in einer Pfanne mit Öl anbraten. ½ Zitrone darüber auspressen, salzen und pfeffern. Dillblättchen hacken, mit Joghurt, Sauerrahm, Senf, Essig und Honig verrühren. Salzen und pfeffern. Dressing mit dem Lachs auf dem Salat verteilen.

FELDSALAT MIT SPECK UND KARTOFFELDRESSING

2 mehlig kochende Kartoffeln / 1 Zwiebel / 1 Knoblauchzehe / 3 EL Olivenöl / 300 ml Gemüsebrühe (S. 38) / 4 EL Weißweinessig / 1 TL mittelscharfer Senf / Fleur de Sel / Pfeffer / 2 Frühlingszwiebeln / 60 g magerer Bauchspeck / 250 g Feldsalat / 2 EL Kürbiskerne

Fürs Dressing Kartoffeln, Zwiebel und Knoblauch würfeln, im Topf mit 2 EL Öl bei mittlerer Hitze ca. 5 Min. dünsten. Mit Brühe ablöschen und zugedeckt ca. 20 Min. weich kochen. Mit dem Stabmixer zu einer sämigen Sauce pürieren. Essig und Senf unterrühren, mit Salz und Pfeffer abschmecken.

Frühlingszwiebeln fein hacken. Speck in Streifen schneiden und in einer Pfanne mit 1 EL Öl knusprig ausbraten. Beides zum Feldsalat geben und mit dem Dressing mischen. Kürbiskerne rösten und über den Salat geben.

FELDSALAT MIT ENTENBRUST UND MANGO

300 g Entenbrustfilet / 2 EL Rapsöl / Fleur de Sel / Pfeffer / 1 reife Mango / 1 rote Zwiebel / 2 EL Pinienkerne / 250 g Feldsalat / 4 EL Balsamico Bianco / 4 EL Olivenöl

Entenbrust schräg einschneiden und mit dem Schnitt nach unten in einer Pfanne mit Rapsöl ca. 5 Min. scharf anbraten. Fleisch wenden und weitere 2–3 Min. braten. Salzen, pfeffern und im Ofen bei 160 °C 8–10 Min. fertig garen.

Mango in Spalten, Zwiebel in feine Streifen schneiden. Pinienkerne rösten. Alles in eine Schüssel füllen, den Salat unterheben und mit Essig, Olivenöl, Salz und Pfeffer abschmecken. Entenbrust in feine Tranchen schneiden und auf dem Salat anrichten.

MANGOLD-SPINAT-SALAT MIT ROTER BETE UND CRANBERRIES

1 kleiner Hokkaido / 1 Knoblauchzehe / 1 Rosmarinzweig / 8 EL Olivenöl / Fleur de Sel / Pfeffer / 2 gegarte Rote Beten / 2 EL Kürbiskerne / 2 EL Cranberries / 1 Frühlingszwiebel / 250 g Baby-Mangold und Blattspinat / 4 EL Aceto Balsamico / 2 EL Kürbiskernöl

Kürbis in Spalten, Knoblauch in Scheiben schneiden. Rosmarinnadeln vom Zweig ziehen. Alles auf ein Backblech mit 4 EL Olivenöl geben. Mit Salz und Pfeffer würzen, durchmengen und im Ofen bei 200 °C 10–12 Min. weich schmoren.

Rote Beten in Spalten schneiden, 5 Min. vor Ende der Garzeit zum Kürbis geben und kurz mitbraten. Kürbiskerne rösten, Cranberries hacken, Frühlingszwiebel in feine Ringe schneiden. Alles mit Mangold und Spinat vermengen. Salz, Pfeffer, Essig, 4 EL Olivenöl und das Kürbiskernöl hinzugeben. Kürbis und Rote Beten über den Salat verteilen.

FELDSALAT, RUCOLA UND CO.

MEIN ♥-REZEPT

SALAT MIT PILZEN, MARONEN UND ZIEGENKÄSE

2 EL Walnüsse / 1 Frühlingszwiebel / 1 kleiner Apfel / 250 g Feldsalat und Rucola / Fleur de Sel / Pfeffer / 8 EL Olivenöl / 2 EL Walnussöl / 4 EL Aceto Balsamico / 300 g Champignons / 50 g gekochte Maronen / 2 kleine Ziegenkäserollen

Walnüsse grob hacken und rösten. Frühlingszwiebel in feine Ringe, Apfel in feine Streifen schneiden. Alles mit den Salaten mischen und mit Salz, Pfeffer, Essig, 4 EL Olivenöl und Walnussöl abschmecken.

Pilze in Scheiben schneiden, in der Pfanne mit 2 EL Olivenöl bei starker Hitze 2–3 Min. braten. Salzen und pfeffern. Maronen grob dazu bröseln und mitrösten. Die Mischung auf den Salat verteilen. Käserollen in je 6 Taler schneiden, in der Pfanne mit 2 EL Olivenöl ca. 3 Min. goldbraun braten und auf dem Salat anrichten.

RUCOLA MIT OFENKARTOFFELN, PAPRIKA UND OLIVEN

1 rote Paprika / 1 gelbe Paprika / 2 Schalotten / 12 kleine Kartoffeln (z. B. Drillinge) / 1 Knoblauchzehe / 1 Rosmarinzweig / 4 EL Aceto Balsamico / 8 EL Olivenöl / Fleur de Sel / Pfeffer / 2 EL Pinienkerne / 12 schwarze Oliven ohne Kern / 4 getrocknete Tomaten / 2 EL Kapernäpfel / 250 g Rucola / 50 g Parmesan

Paprika und Schalotten achteln, Kartoffeln halbieren, Knoblauch in Scheiben schneiden. Alles mit den Rosmarinnadeln und 4 EL Öl auf einem Backblech durchmengen, salzen und pfeffern und im Ofen bei 220 °C ca. 20 Min. weich garen.

Pinienkerne rösten. Oliven in Scheiben, Tomaten in feine Streifen schneiden. Mit Kapern und Rucola durchmengen. Salz, Pfeffer, Essig und 4 EL Öl hinzufügen. Ofengemüse auf dem Salat verteilen, Parmesan grob darüber hobeln.

SUPPEN

GEMÜSESUPPE

GEMÜSEBRÜHE

2 Zwiebeln / 2 Knoblauchzehen / 200 g Knollensellerie / 2 Stangen Staudensellerie / 2 Lauchstangen / 4 Möhren / 1 Fenchelknolle / 1 Pastinake / 4 Tomaten / 4 EL Olivenöl / 400 ml Weißwein / 4 Stiele Petersilien / 1 Zweig Thymian / 1 Zweig Rosmarin / 2 Lorbeerblätter / 1 Nelke / 8 Pfefferkörner / Salz / Pfeffer

Zwiebeln und Knoblauchzehen vierteln, Gemüse klein schneiden. Alles in einem großen Topf mit Öl 5 Min. andünsten.

Mit Wein und 3 l Wasser ablöschen, die Gewürze mit Stiel hinzufügen und alles bei kleiner Hitze mind. 1 Std. köcheln lassen. Dabei den aufsteigenden Schaum abschöpfen. Brühe durch ein feines Sieb passieren und mit Salz und Pfeffer abschmecken.

KALTE GEMÜSESUPPE

½ Salatgurke / 2 Möhren / ½ Kohlrabi / 1 Knoblauchzehe / 1 Frühlingszwiebel / 4 Tomaten / 2 EL Rotweinessig / 2 EL Olivenöl / Salz / Pfeffer

Gurke, Möhren und Kohlrabi in kleine Stücke schneiden. Knoblauch und Frühlingszwiebel fein hacken. Die Tomaten häuten.

Alles in eine Schüssel geben und mit dem Stabmixer fein pürieren. Mit Essig und Öl abschmecken und mit Salz und Pfeffer würzen.

PAPRIKASUPPE

1 rote Zwiebel / 2 gelbe Paprika / 1 rote Paprika / 2 EL Olivenöl / 500 ml Gemüsebrühe / 1 Stiel Petersilie / 1 Stiel Koriander / ½ Bio-Zitrone / 2 EL Weißweinessig / Salz / Pfeffer

Zwiebel fein hacken, Paprika in kleine Stücke schneiden. Beides mit dem Öl in einem großen Topf ca. 5 Min. anbraten. Mit der Gemüsebrühe ablöschen, Gewürze mit Stiel hinzufügen, die Zitronenschale über die Suppe reiben, und alles 30 Min. köcheln lassen.

Die Gewürze entfernen, die Suppe pürieren und mit Essig, Salz und Pfeffer abschmecken.

ERBSENCREMESUPPE MIT GERÖSTETEM BLUMENKOHL

500 ml Gemüsebrühe / 300 g TK-Erbsen / 150 g saure Sahne / 1 Pr. Muskat / Salz / Pfeffer / ¼ Blumenkohl / 50 g Mandelblättchen / 2 EL Rapsöl

Gemüsebrühe erhitzen, Erbsen hinzufügen und 5 Min. köcheln lassen. Suppe mit dem Stabmixer grob pürieren, Sahne einrühren und mit Muskat, Salz und Pfeffer würzen.

Blumenkohl in 1 cm breite Stücke schneiden und mit den Mandelblättchen in einer Pfanne mit Öl 3–5 Min. anbraten. Beides über die Suppe verteilen.

MANDEL-BOHNENSUPPE

4 Möhren / ½ Stange Lauch / 2 Knoblauchzehen / 1 Ei / 4 EL Olivenöl / 150 g gemahlene Mandeln / 200 g TK-Erbsen / 200 g Prinzess-Bohnen / 1 l Gemüsebrühe / Salz / Pfeffer

Möhren in kurze, dünne Stifte, Lauch in kurze Streifen schneiden. Knoblauch fein hacken. Das Ei hart kochen und in kleine Stücke schneiden. Lauch und Knoblauch mit 2 EL Öl in einer Pfanne 3 Min. dünsten. Mandeln darüber streuen, einrühren und abkühlen lassen.

Erbsen, Möhren und Bohnen in einem großen Topf mit 2 EL Öl 10 Min. bei mittlerer Hitze dünsten. Ab und zu umrühren. Lauch und Ei unter das Gemüse mischen. Mit der Gemüsebrühe ablöschen und alles kurz aufkochen lassen. Mit Salz und Pfeffer abschmecken.

MEIN ♥-REZEPT

CHILI

CHILI CON CARNE

2 Zwiebeln / 1 Knoblauchzehe / 2 EL Olivenöl / 500 g Rinderhackfleisch / 1 frische Chilischote / 2 TL Chilipulver / 2 TL Kreuzkümmel / 2 TL edelsüßes Paprikapulver / Meersalz / schwarzer Pfeffer / 2 EL Tomatenmark / 2 Dosen geschälte Tomaten (je 400 g) / ½ Zimtstange / 2 Lorbeerblätter / 2 Dosen Kidneybohnen (je 400 g)

Zwiebeln und Knoblauch schneiden und in einer großen Pfanne mit dem Öl glasig dünsten. Hackfleisch hinzufügen und anbraten. Die Chilischote entkernen, fein hacken und mit Chilipulver, Kreuzkümmel und Paprikapulver zugeben. Salzen und pfeffern.

Tomatenmark, Tomaten, Zimtstange, Lorbeer und 200 ml Wasser hinzufügen. Gut umrühren und 40 Min. zugedeckt köcheln lassen. 10 Min. vor Ende der Garzeit die Bohnen zugeben.

CHILI MIT SCHOKOLADENSAUCE

500 g Rindfleisch (Nacken, Schulter, Bein) / 4 EL Olivenöl / 2 Zwiebeln / 2 Knoblauchzehen / 3 rote Paprika / 1 rote Chilischote / 2 EL edelsüßes Paprikapulver / 2 TL Kreuzkümmel / 1 TL Oregano / 2 EL Tomatenmark / 1 EL brauner Zucker / 1 Dose Kidneybohnen (400 g) / 1 Dose Weiße Bohnen (500 g) / 1 Dose Mais (285 g) / 1 Dose stückige Tomaten (400 g) / 30 g Zartbitter-Kuvertüre / Salz / Pfeffer

Fleisch fein würfeln und ca. 5 Min. sehr heiß in einem großen Topf mit Öl anbraten.

Zwiebeln und Knoblauch fein hacken. Paprika in Streifen, Chilischote in Ringe schneiden. Alle Zutaten und Gewürze mit Tomatenmark und Zucker in den Topf geben und 6 Min. mitbraten.

800 ml Wasser erhitzen und mit Bohnen, Mais und Tomaten in den Topf gießen. Ca. 40 Min. offen köcheln lassen. 5 Min. vor Ende der Garzeit die Schokolade unterrühren. Mit Salz und Pfeffer abschmecken.

MEIN ♥-REZEPT

CHILI CON CHICKEN

500 g Hähnchenbrustfilet / 2 rote Chilischoten / 2 gelbe Paprika / 2 Bund Frühlingszwiebeln / 2 EL Olivenöl / 2 Knoblauchzehen / 2 EL Erdnusscreme / 2 EL Tomatenmark / 600 ml Hühnerbrühe / 2 Dosen Weiße Bohnen (je 500 g) / Salz / Pfeffer

Fleisch in mundgerechte Stücke schneiden. Chilischoten fein hacken, Paprika in Würfel, Zwiebeln in Ringe schneiden. Zwiebeln mit dem Öl 1 Min. in einer großen Pfanne anbraten. Die anderen Zutaten dazugeben und 3 Min. unter Rühren braten. Knoblauch darüber pressen. Erdnusscreme und Tomatenmark unterrühren. Mit der Brühe ablöschen und ca. 20 Min. köcheln lassen. 10 Min. vor Ende der Garzeit Bohnen hinzugeben. Mit Salz und Pfeffer abschmecken.

ORIENTALISCHES CHILI

2 rote Chilischoten / 4 gelbe Paprika / 1 EL Kreuzkümmel / 1 TL Zimt / 1 TL Koriander / 1 rote Zwiebel / 2 Knoblauchzehen / 4 EL Olivenöl / 500 g Lammhackfleisch / 1 Dose stückige Tomaten (400 g) / 1 EL Tomatenmark / 1 EL Harissa / 2 Dosen Kidneybohnen (je 400 g) / 1 Dose Mais (285 g)

Chilischoten und Paprika in Ringe schneiden. Gewürze in einem großen Topf 2 Min. unter Rühren rösten und herausnehmen.

Zwiebel und Knoblauch fein hacken und in dem Topf mit Öl glasig dünsten. Fleisch hinzugeben und 10 Min. braten. Chili- und Paprikaschoten, die gerösteten Gewürze, Tomaten, Tomatenmark und Harissa dazugeben und 25 Min. köcheln lassen.

10 min. vor Ende der Garzeit Bohnen und Mais unterrühren.

CHILI SIN CARNE

150 g Couscous / 3 Möhren / 2 rote Zwiebeln / 2 Knoblauchzehen / 3 EL Olivenöl / 1 Dose geschälte Tomaten (400 g) / 1 EL Chilipulver / 1 EL Kreuzkümmel / 1 l Gemüsebrühe / 1 Dose Kidneybohnen (400 g) / 1 Dose Weiße Bohnen (500 g) / 1 Dose Mais (285 g) / 1 Limette / 80 g Sahne / Salz / Pfeffer / 1 Handvoll frischer Koriander

Couscous in eine Schüssel geben und mit 180 ml kochendem Wasser übergießen, max. 10 Min. quellen lassen. Möhren in kleine Würfel schneiden.

Zwiebeln und Knoblauch fein hacken und in einer großen Pfanne mit dem Öl glasig dünsten. Möhren, Tomaten, Gewürze und Brühe hinzugeben und 15 Min. bei mittlerer Hitze köcheln lassen.

Bohnen, Mais und Couscous dazugeben und 5 Min. mitkochen. Limette auspressen und mit der Sahne unterrühren. Mit Salz und Pfeffer abschmecken und mit Korianderblättern garnieren.

HÜHNERSUPPE

HÜHNERBRÜHE

1 Zwiebel / 1 Suppenhuhn (ca. 2,5 kg) / 1 Handvoll Kräuter (z. B. Thymian, Petersilie, Lorbeer, Liebstöckel) / 5 Wacholderbeeren / 4 Nelken / 1 EL schwarze Pfefferkörner / 1 Bund Suppengrün / Salz / Pfeffer

Zwiebel halbieren und mit den Schnittflächen nach unten auf den Boden eines großen Topfes legen. Erhitzen und die Zwiebel solange anbraten, bis sich Röststoffe bilden. Das Huhn, die Kräuter und Gewürze zugeben und mit 5 l kaltem Wasser auffüllen. Die Brühe bei mittlerer Hitze 3–4 Std. mit halb aufgelegtem Deckel köcheln lassen. Trübstoffe zwischendurch abschöpfen.

Suppengrün in grobe Stücke schneiden, 1 Std. vor Ende der Garzeit dazugeben und mitkochen. Huhn und Gemüse aus dem Topf nehmen und die Brühe durch ein Sieb in einen anderen Topf gießen, mit Salz und Pfeffer abschmecken.

HÜHNERSUPPE MIT GEMÜSE

500 g gekochtes Suppenhuhn / 2 Möhren / 2 Kohlrabi / 1 Süßkartoffel / 150 g TK-Erbsen / ½ Bund Petersilie / 1,2 l Hühnerbrühe / Salz / Pfeffer

Hühnerfleisch vom Knochen lösen und in Stücke schneiden. Möhren, Kohlrabi und Kartoffel ca. 1 cm groß würfeln. Petersilienblätter hacken. Alles mit den Erbsen in die Hühnerbrühe geben, aufkochen und 15 Min. garen. Mit Salz und Pfeffer abschmecken.

MEDITERRANE HÜHNER-NUDELSUPPE

500 g gekochtes Suppenhuhn / ½ Brokkoli / 2 Möhren / 1 Stange Staudensellerie / 2 Strauchtomaten / 1,2 l Hühnerbrühe / 125 g Spaghetti / 4 Zweige Thymian / 3 Zweige Oregano / Salz / Pfeffer / 4 Stiele glatte Petersilie / 50 g Parmesan

Hühnerfleisch vom Knochen lösen und in Stücke schneiden. Brokkoliröschen vom Strunk trennen. Möhren und Sellerie in Scheiben schneiden, Tomaten würfeln. Alles in die Hühnerbrühe geben, aufkochen und 15 Min. garen.

Spaghetti in ca. 5 cm lange Stücke brechen, mit den Thymian- und Oreganoblättern 8 Min. vor Ende der Garzeit hinzugeben und fertig garen. Mit Salz und Pfeffer abschmecken. Petersilie hacken, Parmesan grob hobeln. Beides über die Suppe streuen.

ASIATISCHE HÜHNER-NUDELSUPPE

100 g Mie-Nudeln / 1 Zwiebel / 40 g Ingwer / 2 rote Chilischoten / 500 g Hähnchenbrustfilet / 1,2 l Hühnerbrühe / 300 g Zuckerschoten / ¼ Chinakohl / 1 Limette / 8 EL Sojasauce / 2 TL Fischsauce / 6 Stiele Koriander

Nudeln mit kochendem Wasser übergießen und nach Packungsanweisung quellen lassen. Zwiebel halbieren. Ingwer in dicke Scheiben schneiden. Chilischoten längs einschneiden. Alles mit dem Hähnchenfilet und der Brühe in einen Topf geben, aufkochen und zugedeckt bei mittlerer Hitze ca. 15 Min. garen.

Zuckerschoten halbieren. Chinakohl in ca. 5 cm lange feine Streifen schneiden. 3 Min. vor Ende der Garzeit das Fleisch herausnehmen, in mundgerechte Scheiben schneiden und mit Zuckerschoten, Kohl und Nudeln zurück in den Topf geben. Ingwer und Zwiebeln aus der Brühe schöpfen.

Limette auspressen. Suppe mit Soja- und Fischsauce sowie Limettensaft abschmecken. Korianderblättchen abzupfen und über die Suppe streuen.

MEIN ♥-REZEPT

TOM KHA GAI

2 Stiele Zitronengras / 40 g Galgantwurzel / 1 grüne Chilischote / 1 rote Chilischote / 4 Stiele Koriander / 600 ml Hühnerbrühe / 600 ml Kokosmilch / 3 Kaffirlimettenblätter / 4 EL Fischsauce / 8 EL Sojasauce / 3 Frühlingszwiebeln / 200 g Shiitake-Pilze / 150 g Bambussprossen / 500 g Hähnchenbrustfilet / 1 Limette

Zitronengras flach klopfen und in 4 cm lange Stücke schneiden. Galgantwurzel in feine Streifen, Chilischoten in feine Ringe schneiden. Die Hälfte der Korianderstiele fein hacken. Alles zusammen mit Brühe, Kokosmilch und Kaffirlimettenblättern in einen Topf geben, aufkochen, mit Fisch- und Sojasauce würzen und ca. 5 Min. ziehen lassen.

Zwiebeln, Pilze und Bambussprossen klein schneiden. Hähnchenfleisch in ca. 3 cm große Stücke schneiden. Alles in die Suppe geben und bei milder Hitze 10 Min. garen. Limette darüber auspressen. Die Suppe mit den Korianderblättern bestreuen.

RINDERSUPPE

1 RINDERBRÜHE

1 Zwiebel / 1 kg Rindfleisch (z. B. Beinscheiben) / 1 Handvoll Kräuter (z. B. Petersilie, Thymian, Lorbeer, Liebstöckel) / 10 schwarze Pfefferkörner / 2 Gewürznelken / 1 Möhre / 1 Stange Staudensellerie / 50 g Knollensellerie / 2 Knoblauchzehen / Salz / Pfeffer

Zwiebel halbieren und die Hälften mit den Schnittflächen nach unten auf den Boden eines großen Topfes legen. Erhitzen und solange anbraten, bis sich Röststoffe bilden. Das Rindfleisch, die Kräuter und Gewürze zugeben und mit 3 l kaltem Wasser auffüllen. Die Brühe bei mittlerer Hitze 2,5 Std. mit halb aufgelegtem Deckel köcheln lassen. Trübstoffe zwischendurch abschöpfen.

Möhre und Sellerie in grobe Stücke schneiden, Knoblauch leicht andrücken. Alles 45 Min. vor Ende der Garzeit dazugeben und mitkochen. Fleisch und Gemüse aus dem Topf nehmen und die Brühe durch ein Sieb in einen anderen Topf gießen, mit Salz und Pfeffer abschmecken.

2 PFANNKUCHENSUPPE

6 Pfannkuchen (S. 178) / 1,2 l Rinderbrühe / 4 Stiele glatte Petersilie

Pfannkuchen einrollen, in 0,5 cm breite Streifen schneiden und als Einlage in der Rindersuppe erhitzen. Petersilienblätter hacken und darüber streuen.

3 BUNTE RINDFLEISCHSUPPE

500 g gekochtes Rindfleisch / 2 Möhren / 50 g Knollensellerie / 1 Petersilienwurzel / 1 Stange Lauch / 1,2 l Rinderbrühe / 200 g Suppennudeln (z. B. Risoni oder Pastina) / Salz / Pfeffer / ½ Bund Schnittlauch

Rindfleisch vom Knochen lösen und in mundgerechte Stücke schneiden. Möhren, Sellerie, Petersilienwurzel und Lauch in ca. 1 cm große Stücke schneiden. Alles in die Rinderbrühe geben, aufkochen und 10 Min. garen. Die Suppennudeln hinzugeben und weitere 6–7 Min. fertig garen. Mit Salz und Pfeffer abschmecken. Schnittlauch in feine Röllchen schneiden und über die Suppe streuen.

4 RINDFLEISCHEINTOPF MIT KICHERERBSEN UND KÜRBIS

500 g kleine vorwiegend festkochende Kartoffeln / 2 EL Olivenöl / 1 EL Butter / 2 Zwiebeln / 2 Knoblauchzehen / 100 ml Weißwein / 600 g Hokkaido / 4 Frühlingszwiebeln / 1 Dose geschälte Tomaten (400 g) / 4 Stiele Salbei / 1,2 l Rinderbrühe / 1 TL Muskat / Salz / Pfeffer / 500 g gekochtes Rindfleisch / 1 Dose Kichererbsen (265 g)

Kartoffeln zu Spalten schneiden und in einem großen Topf mit Öl und Butter 5–6 Min. anbraten. Zwiebeln und Knoblauch hacken, zugeben und glasig dünsten. Mit Wein ablöschen und fast vollständig einkochen lassen.

Kürbis würfeln, Frühlingszwiebeln in Ringe schneiden. Beides mit Tomaten, Tomatensud und Salbeiblättern in den Topf geben. Verrühren und dabei die Tomaten grob zerkleinern. Mit der Rinderbrühe auffüllen, mit Muskat, Salz und Pfeffer würzen und zugedeckt ca. 15 Min. gar kochen. Fleisch in 1 cm große Würfel schneiden, mit den Kichererbsen in den Eintopf geben, umrühren und kurz ziehen lassen.

5 GULASCHSUPPE

500 g Rindfleisch (aus der Schulter) / 2 rote Paprika / 2 gelbe Paprika / 2 rote Zwiebeln / 2 Knoblauchzehen / 3 EL Öl / 4 EL Tomatenmark / 2 EL scharfes Paprikapulver / 2 EL edelsüßes Paprikapulver / 250 ml Rotwein / 1,2 l Rinderbrühe / 500 g vorwiegend festkochende Kartoffeln / ½ Bio-Zitrone / 2 TL Kümmel / Salz / Pfeffer

Fleisch und Paprika in 2 cm breite Würfel schneiden, Zwiebeln und Knoblauch hacken. Alles in einem großen Topf mit Öl 5 Min. anbraten. Tomatenmark und Paprikapulver unterrühren, mit Wein und Brühe ablöschen. Zugedeckt bei mittlerer Hitze 1 Std. köcheln lassen.

Kartoffeln 2 cm breit würfeln und 20 Min. vor Ende der Garzeit in die Suppe geben. Zitronenschale abreiben, Kümmel im Mörser fein reiben. Beides über die Suppe streuen, salzen und pfeffern.

TOMATENSUPPE

MEIN ♥-REZEPT

TOMATENSUPPE MIT ORANGEN-CROÛTONS

6 EL Olivenöl / 1 EL Rohrohrzucker / 1,5 kg Tomaten / 1 Zweig Rosmarin / 5 Zweige Thymian / 4 Knoblauchzehen / 2 Lorbeerblätter / ½ Bio-Orange / 75 g Butter / Salz / 5 Stiele Basilikum / ½ rustikales Baguette (S. 136) / 3 EL Aceto Balsamico / Pfeffer

4 EL Öl in einem Topf erhitzen und den Boden mit Zucker bestreuen. Tomaten halbieren und mit den Schnittflächen auf den Topfboden legen. Rosmarin und Thymian hacken, mit Knoblauch und Lorbeer zugeben. Zugedeckt 5 Min. bei mittlerer Hitze dünsten, 500 ml Wasser zugeben und weitere 15 Min. garen.

Orangenschale abreiben, mit Butter verrühren und salzen. Basilikum hacken, eine Hälfte davon unterrühren. Baguette schräg in Scheiben schneiden, mit Butter bestreichen und auf einem Blech im Ofen bei 200 °C 5–10 Min. goldbraun rösten.

Lorbeer aus der Suppe nehmen, diese mit dem Stabmixer fein pürieren. Mit Essig, 2 EL Öl, Salz und Pfeffer, abschmecken und mit dem Rest Basilikum bestreuen. Brot würfeln und über die Suppe geben.

GAZPACHO ANDALUZ

1 Salatgurke / 1 Scheibe Toastbrot / 1 grüne Paprika / 1 rote Peperoni / Salz / 5 Tomaten / 1 Knoblauchzehe / 2 EL Weißweinessig / 6 EL Olivenöl / Pfeffer / 150 g Schafskäse

Gurke schälen, Toastbrot entrinden. Beides mit der Paprika und der Peperoni in grobe Stücke schneiden und in einen großen Rührbecher geben. Umrühren, salzen und 15 Min. stehen lassen.

Tomaten und Knoblauchzehe vierteln. Beides mit 100 ml Wasser, Essig und 4 EL Öl in den Rührbecher geben und mit dem Stabmixer pürieren. Salzen und pfeffern. Gazpacho mind. 30 Min. im Kühlschrank ziehen lassen. Suppe umrühren und mit zerbröseltem Schafskäse, 2 EL Öl und Pfeffer garnieren.

TOMATENSUPPE MIT PINIENKERNEN

1 Zwiebel / 2 EL Olivenöl / 1 EL Rohrohrzucker / 6 EL Tomatenmark / 2 Dosen stückige Tomaten (je 400 g) / 800 ml Gemüsebrühe (S. 38) / Salz / Cayennepfeffer / 2 EL Crème fraîche / 2 EL Pinienkerne / ½ Bund Basilikum

Zwiebel klein hacken, in einem Topf mit Öl glasig dünsten und mit Zucker karamellisieren. Tomatenmark dazugeben und kurz mitgaren. Mit den Tomatenstücken und der Brühe ablöschen und alles ca. 15 Min. köcheln lassen.

Die Suppe mit dem Stabmixer pürieren und mit Salz und Pfeffer abschmecken. Crème fraîche darüber klecksen. Pinienkerne in einer Pfanne goldbraun rösten. Basilikumblätter fein schneiden. Beides auf die Suppe streuen.

PAPRIKA-TOMATEN-SUPPE

2 Knoblauchzehen / 4 Schalotten / 4 rote Paprika / 2 EL Olivenöl / 1 Pr. Rohrohrzucker / 50 ml Portwein / 2 Dosen stückige Tomaten (je 400 g) / Salz / Pfeffer / 12 – 16 mediterrane Fleischbällchen (S. 71)

Knoblauch und Schalotten fein würfeln, Paprika grob schneiden und beides in einem Topf mit Öl bei mittlerer Hitze andünsten. Mit Zucker karamellisieren, mit Portwein ablöschen und einkochen lassen. Tomaten und 1 l Wasser zugeben, salzen und bei milder Hitze 20 Min. zugedeckt köcheln lassen.

Die Suppe mit dem Stabmixer fein pürieren und mit Salz und Pfeffer abschmecken. Je Portion 3 – 4 Fleischbällchen zur Suppe reichen.

TOMATEN-MELONEN-GAZPACHO

4 Tomaten / ½ Wassermelone / 2 Schalotten / 1 Knoblauchzehe / ½ Zitrone / 4 EL Olivenöl / 30 g gemahlene Mandeln / 4 Zweige Minze / Salz / Pfeffer / 2 EL Mandelblättchen / 1 Pr. Pul Biber

Tomaten schälen, Melone grob würfeln, Schalotten und Knoblauch fein hacken. Zitrone auspressen. Alles mit 2 EL Öl, den gemahlenen Mandeln und der Minze mit dem Stabmixer in einer Schüssel pürieren. Mind. 1 Std. kalt stellen.

Suppe umrühren, mit Salz und Pfeffer abschmecken. Mandelblättchen in einer Pfanne goldbraun rösten und darüber streuen. Suppe mit 2 EL Öl und Pul Biber garnieren.

KARTOFFELSUPPE

KARTOFFELSUPPE MIT LACHS UND MEERRETTICHSAHNE

800 g vorwiegend festkochende Kartoffeln / 1 große Zwiebel / 2 EL Olivenöl / 1 l Gemüsebrühe (S. 38) / 200 g Sahne / 1 TL Muskat / Salz / Pfeffer / 200 g Räucherlachs / 50 g Meerrettich / 6 Stiele Dill

Kartoffeln klein schneiden, Zwiebel hacken. Öl in einem Topf erhitzen und die Zwiebel darin glasig dünsten. Kartoffeln zufügen, 2 Min. anbraten und mit der Gemüsebrühe ablöschen. Suppe zugedeckt bei mittlerer Hitze 25–30 Min. kochen lassen.

Suppe mit einem Stabmixer pürieren, mit 100 g Sahne verfeinern und mit Muskat, Salz und Pfeffer würzen. Räucherlachs in feine Streifen schneiden. 100 g Sahne steif schlagen, Meerrettich fein reiben und unterrühren. Beides unter die Suppe heben. Dill fein hacken und darüber streuen.

KARTOFFELSUPPE MIT WÜRSTCHEN

750 g vorwiegend festkochende Kartoffeln / 2 Möhren / 300 g Sellerieknolle / ½ Stange Lauch / 2 Zwiebeln / 2 EL Butter / 2 Lorbeerblätter / 1,3 l Gemüsebrühe (S. 38) / 4 Wiener Würstchen / 1 TL Muskat / Salz / Pfeffer / ½ Bund Petersilie

Kartoffeln, Möhren, Sellerie und Lauch grob würfeln. Zwiebeln fein hacken. Alles in einem großen Topf mit Butter andünsten. Lorbeer zugeben und mit der Gemüsebrühe ablöschen. Zugedeckt bei mittlerer Hitze 20 Min. köcheln lassen.

Lorbeer entfernen, Suppe mit dem Stabmixer leicht sämig pürieren. Würstchen in Stücke schneiden und 10 Min. mitköcheln lassen. Suppe mit Muskat, Salz und Pfeffer abschmecken. Petersilie hacken und über die Suppe streuen.

KARTOFFEL-LAUCH-SUPPE MIT KÄSE

750 g vorwiegend festkochende Kartoffeln / 2 Möhren / 250 g Knollensellerie / 2 Stangen Lauch / 20 g Butterschmalz / 1 l Gemüsebrühe (S. 38) / 200 g Kräuterschmelzkäse / 1 TL Koriander / Salz / Pfeffer / 2 Frühlingszwiebeln

Kartoffeln, Möhren und Sellerie würfeln, Lauch in Ringe schneiden. Butterschmalz in einem großen Topf erhitzen und das Gemüse darin andünsten, mit der Gemüsebrühe ablöschen. Suppe zugedeckt bei mittlerer Hitze ca. 25–30 Min. kochen lassen.

Käse in die Suppe geben und alles mit dem Stabmixer pürieren. Suppe mit Koriander, Salz und Pfeffer abschmecken. Frühlingszwiebeln in feine Ringe schneiden und über die Suppe streuen.

KARTOFFELSUPPE MIT SPECK UND WALNUSSPESTO

800 g vorwiegend festkochende Kartoffeln / 100 g durchwachsener Speck / 1 große Zwiebel / 3 EL Olivenöl / 1 l Gemüsebrühe (S. 38) / 200 g Sahne / Salz / Pfeffer / 100 g Walnusspesto (S. 141)

Kartoffeln und Speck klein schneiden, Zwiebel hacken. 2 EL Öl in einem Topf erhitzen, die Zwiebel und 50 g Speck darin anbraten. Kartoffeln zufügen, 2 Min. mitdünsten und mit der Gemüsebrühe ablöschen. Suppe zugedeckt bei mittlerer Hitze 25–30 Min. kochen lassen.

Suppe mit einem Stabmixer pürieren, mit Sahne verfeinern, salzen und pfeffern. 50 g Speck in einer Pfanne mit 1 EL Öl knusprig ausbraten und mit dem Pesto auf die Suppe geben.

KARTOFFEL-SELLERIESUPPE MIT APFEL

300 g vorwiegend festkochende Kartoffeln / 500 g Knollensellerie / 1 Zwiebel / 2 EL Olivenöl / 2 Äpfel / 1 TL Zucker / 50 ml Weißwein / 1 l Gemüsebrühe (S. 38) / ½ Vanilleschote / 150 g Sahne / Salz / Pfeffer / 2 EL Weißweinessig / 30 g Walnusskerne / 1 EL rosa Pfefferbeeren

Kartoffeln und Sellerie grob würfeln. Zwiebel fein hacken. Alles in einem großen Topf mit Öl andünsten. Äpfel grob schneiden, hinzugeben und 2 Min. mitdünsten. Mit Zucker karamellisieren und mit Weißwein ablöschen. Die Gemüsebrühe hinzugießen. Das Mark aus der Vanilleschote kratzen und beides in den Topf geben.

Bei mittlerer Hitze 15–20 Min. zugedeckt köcheln lassen. Vanilleschote entfernen. Suppe mit einem Stabmixer pürieren, mit Sahne verfeinern und mit Salz, Pfeffer und Essig abschmecken.

MEIN ♥-REZEPT

KÜRBIS- UND MÖHRENSUPPE

KÜRBIS-ORANGEN-SUPPE MIT KÜRBISKERNEN

1 Hokkaido / 2 Zwiebeln / 2 Knoblauchzehen / 40 g Ingwer / 1 rote Chilischote / 3 EL Olivenöl / 600 ml Gemüsebrühe (S. 38) / 300 ml Orangensaft / Salz / Pfeffer / 2 EL Kürbiskerne / 1 EL Kürbiskernöl

Kürbis samt Schale grob würfeln. Zwiebeln, Knoblauch und Ingwer fein würfeln. Chili entkernen und klein schneiden. Alles mit Öl in einem großen Topf andünsten. Mit Brühe und Orangensaft ablöschen. Zugedeckt bei mittlerer Hitze ca. 25 Min. köcheln lassen.

Suppe mit dem Stabmixer pürieren, mit Salz und Pfeffer abschmecken. Kürbiskerne in einer Pfanne goldbraun rösten und mit dem Kürbiskernöl über die Suppe verteilen.

KÜRBISSUPPE MIT SPECK UND PFIFFERLINGEN

1 Hokkaido / 1 Zwiebel / 1 Knoblauchzehe / 20 g Ingwer / 30 g Butter / 2 Zweige Rosmarin / 1 l Gemüsebrühe (S. 38) / 50 g durchwachsener Speck / 1 EL Olivenöl / 125 g Pfifferlinge / 1 Pr. Rohrohrzucker / 1 Zitrone / 150 g Sahne / Salz / Pfeffer

Kürbis samt Schale grob schneiden. Zwiebel, Knoblauch und Ingwer fein würfeln. Butter in einem großen Topf erhitzen, alles darin mit den Rosmarinzweigen 2–3 Min. andünsten. Mit Brühe ablöschen und die Suppe ca. 25 Min. bei mittlerer Hitze zugedeckt köcheln lassen.

Speck fein würfeln, in einer großen Pfanne mit Öl knusprig ausbraten und beiseite legen. Pfifferlinge in die Pfanne geben, anbraten und mit Zucker karamellisieren. Speck hinzufügen.

Rosmarinzweige aus der Suppe entfernen. Zitrone über der Suppe auspressen. Sahne halbsteif schlagen und bis auf 2 EL hinzugeben, dann die Suppe pürieren. Mit Salz und Pfeffer abschmecken und mit Sahneklecksen und Speckpilzen dekorieren.

MEIN ♥-REZEPT

MÖHREN-ORANGEN-SUPPE MIT ZIMT-CROÛTONS

500 g Möhren / 20 g Ingwer / 2 Zwiebeln / 1 Knoblauchzehe / 2 EL Rapsöl / 1 EL Rohrohrzucker / 600 ml Gemüsebrühe (S. 38) / 200 ml Orangensaft / 200 ml Kokosmilch / Salz / Pfeffer / 2 Scheiben Toastbrot / 30 g Butterschmalz / 1 TL Zimt

Möhren grob schneiden. Ingwer, Zwiebeln und Knoblauch klein würfeln. Öl in einem großen Topf erhitzen. Möhren und Zwiebeln unter Rühren 3 Min. dünsten. Knoblauch unterrühren. Mit Zucker karamellisieren. Mit Gemüsebrühe und Orangensaft ablöschen und zugedeckt bei mittlerer Hitze 20–25 Min. köcheln lassen.

Kokosmilch zur Suppe geben und mit einem Stabmixer pürieren. Salzen und pfeffern. Toastbrot in Würfel schneiden und in einer Pfanne mit Schmalz goldbraun rösten. Mit Zimt würzen und über die Suppe geben.

SÜSSKARTOFFEL-MÖHREN-SUPPE MIT MACADAMIA-CRUNCH

500 g Möhren / 1 Süßkartoffel / 2 Zwiebeln / 40 g Ingwer / 2 Knoblauchzehen / 1 kleine Chilischote / 2 EL Rapsöl / 1 EL Rohrohrzucker / 100 ml Orangensaft / 1 l Gemüsebrühe (S. 38) / 1 Zitrone / Salz / Pfeffer / 40 g Macadamia-Nüsse / 10 g Butter / 1 EL Honig / Ras el-Hanout

Möhren, Süßkartoffel und Zwiebeln in grobe Stücke schneiden. Ingwer, Knoblauch und Chilischote klein hacken. Alles mit Öl in einem großen Topf unter Rühren anbraten und mit Zucker karamellisieren. Mit Orangensaft und Brühe ablöschen und zugedeckt 20–25 Min. köcheln lassen.

Suppe pürieren, Zitrone hineinpressen und mit Salz und Pfeffer abschmecken. Macadamia-Nüsse grob hacken. In der Butter rösten, mit Honig karamellisieren und mit Ras el-Hanout würzen. Den Macadamia-Crunch über der Suppe verteilen.

LINSEN-MÖHREN-SUPPE MIT KREUZKÜMMEL-JOGHURT

500 g Möhren / 2 Zwiebeln / 1 Stück Ingwer / 2 Knoblauchzehen / 1 kleine Chilischote / 2 EL Rapsöl / 160 ml Orangensaft / 150 g rote Linsen / Salz / 1 ½ TL Chilipulver / 1 ½ TL Kreuzkümmel / 1 TL Honig / 150 g Schafsmilchjoghurt / 1 Pr. Pul Biber

Möhren und Zwiebeln in grobe Stücke schneiden. Ingwer, Knoblauch und Chilischote klein hacken. Alles in einem großen Topf mit Öl unter Rühren anbraten. Mit 100 ml Orangensaft und 1 l Wasser aufgießen, Linsen zugeben. Mit Salz, 1 TL Chilipulver und 1 TL Kreuzkümmel würzen. Zugedeckt ca. 20 Min. garen. Danach pürieren.

60 ml Orangensaft mit ½ TL Chilipulver, ½ TL Kreuzkümmel und Honig und in einer kleinen Kasserolle um die Hälfte einkochen lassen. Abgekühlt mit dem Joghurt vermischen und auf die Suppe klecksen. Mit Pul Biber würzen.

EINTOPF

ERBSENEINTOPF MIT WIENER WÜRSTCHEN

200 g getrocknete grüne Erbsen / 3 Stiele Majoran / 1 Lorbeerblatt / 100 g durchwachsener Speck / 1 EL Rapsöl / 300 g vorwiegend festkochende Kartoffeln / 2 Möhren / 300 g Knollensellerie / 1 Stange Lauch / Salz / Pfeffer / 3 EL Weißweinessig / 4 Wiener Würstchen

Erbsen in einem Topf mit kaltem Wasser über Nacht einweichen lassen. Abgießen und in 1 l Einweichwasser mit Majoran und Lorbeer zugedeckt bei mittlerer Hitze 1 Std. köcheln lassen.

Speck würfeln und in einer großer Pfanne mit Öl glasig ausbraten. Kartoffeln, Möhren und Sellerie in 1 cm große Würfel, Lauch in 1 cm dicke Ringe schneiden. Alles in die Pfanne geben und 3 Min. andünsten. Nach 30 Min. Garzeit alles zu den Erbsen geben und zu Ende garen.

Majoran und Lorbeer entfernen. Suppe mit dem Stabmixer leicht sämig anpürieren und mit Salz, Pfeffer und Essig abschmecken. Wiener im Eintopf erwärmen.

LINSENSUPPE MIT SALSICCIA

300 g Knollensellerie / 2 Möhren / 1 Stange Lauch / 1 Zwiebel / 3 EL Olivenöl / 1 TL Rohrohrzucker / 250 g Pardina-Linsen (alternativ Tellerlinsen) / 2 Lorbeerblätter / 100 g durchwachsener Speck / 500 g vorwiegend festkochende Kartoffeln / 250 g Salsiccia / 4 EL Balsamico Bianco

Sellerie, Möhren und Lauch in kleine Stücke schneiden, Zwiebel hacken. Alles in einem großen Topf mit 2 EL Öl andünsten und mit Zucker karamellisieren. Linsen, Lorbeer, den Speck im Ganzen und 2 l Wasser zugeben und zugedeckt 45–50 Min. köcheln lassen.

Kartoffeln würfeln und ca. 20 Min. vor Ende der Garzeit zu den Linsen geben und fertig garen. Speck herausnehmen, Schwarte abschneiden, den Rest klein würfeln und in die Suppe geben. Lorbeer entfernen. Salsiccia in Scheiben schneiden, in einer Pfanne mit 1 EL Öl anbraten und mit dem Essig in die Suppe geben. Salzen und pfeffern.

BOHNENEINTOPF MIT BIRNE UND SPECK

10 Scheiben Bacon / 4 EL Öl / 1 Zwiebel / 500 g vorwiegend festkochende Kartoffeln / 4 Birnen / 1 l Gemüsebrühe (S. 38) / 6 Stiele Majoran / 1 Dose Weiße Bohnen (ca. 250 g) / Salz / Pfeffer

Bacon in 4 cm breite Stücke schneiden und in einem Topf mit Öl knusprig braten, herausnehmen und auf Küchenpapier abtropfen lassen. Zwiebel fein würfeln und im Bratfett glasig dünsten. Kartoffeln in grobe Stücke, Birnen in dünne Spalten schneiden. Beides zugeben, kurz mitdünsten. Mit der Brühe ablöschen und 20 Min. zugedeckt bei mittlerer Hitze garen.

Suppe mit dem Stabmixer leicht sämig pürieren. Majoran fein hacken und mit den Bohnen untermischen, ca. 5 Min. im Eintopf erwärmen. Mit Salz und Pfeffer würzen und mit Bacon garnieren.

KARTOFFEL-WIRSING-EINTOPF MIT METTBÄLLCHEN

100 g durchwachsener Speck / 2 EL Olivenöl / 400 g vorwiegend festkochende Kartoffeln / 300 g Möhren / ½ Wirsing / 2 Zwiebeln / 1 TL Kümmelsaat / Salz / Pfeffer / 1 l Gemüsebrühe (S. 38) / 4 TL Tafel-Meerrettich / 1 TL Muskat / Frikadellen (S. 70, Mett statt Hackfleisch verwenden) / ½ Bund Schnittlauch

Speck fein würfeln, in einem großen Topf mit Öl anbraten und herausnehmen. Kartoffeln und Möhren in ca. 1 cm breite Würfel, Wirsing in ca. 1 cm breite Streifen schneiden. Zwiebeln hacken. Alles ins Bratfett geben und unter Rühren 4–5 Min. anbraten. Mit Kümmel, Salz und Pfeffer würzen. Speck zugeben und mit 1 l Brühe ablöschen. Zugedeckt bei mittlerer Hitze 30 Min. köcheln lassen.

Eintopf mit Meerrettich, Muskat, Salz und Pfeffer abschmecken und mit den Mettbällchen anrichten. Schnittlauch in Röllchen schneiden und darüber streuen.

LOMBARDISCHER BOHNENEINTOPF

1 Möhre / 3 Stangen Staudensellerie / 4 Zwiebeln / 4 EL Olivenöl / 2 Dosen Cannellini-Bohnen (je 250 g) / 4 Lorbeerblätter / 2 Tomaten / 2 TL Zucker / Salz / Pfeffer / 1 Bund glatte Petersilie

Möhre, Sellerie und Zwiebeln fein würfeln und in einem großen Topf mit Öl kurz anbraten. Bohnen und Lorbeer hinzugeben, mit 4 l Wasser auffüllen und 30 Min. auf mittlerer Hitze köcheln lassen.

Tomaten würfeln, in den Topf geben und weitere 30 Min. köcheln lassen. Lorbeer entfernen. Den Eintopf mit Zucker, Salz und Pfeffer abschmecken. Petersilienblättchen fein hacken und darüber streuen.

HAUPT-
GERICHTE

SPAGHETTI

1 SPAGHETTI BOLOGNESE

1 Möhre / 1 Stange Staudensellerie / 80 g durchwachsener Speck / 1 Zwiebel / 1 Knoblauchzehe / 2 EL Olivenöl / 400 g Rinderhackfleisch / Salz / Pfeffer / 2 EL Tomatenmark / 80 ml Rotwein / 1 Dose stückige Tomaten (400 g) / 200 ml Rinderbrühe (S. 45) / 1 Lorbeerblatt / Muskat / 500 g Spaghetti / 50 g Parmesan

Möhre, Sellerie und Speck sehr fein würfeln, Zwiebel und Knoblauch fein hacken. Alles in einem Topf mit Öl 8–10 Min. braten. Hackfleisch dazugeben und gut anbraten, salzen und pfeffern. Tomatenmark unterrühren. Mit Rotwein ablöschen und offen fast vollständig einkochen lassen. Tomaten, Brühe und das Lorbeerblatt zugeben und bei mittlerer Hitze ca. 20 Min. schmoren, gelegentlich umrühren.

Lorbeer herausnehmen, Mit Muskat, Salz und Pfeffer abschmecken. Spaghetti in Salzwasser nach Packungsanweisung bissfest garen und mit der Sauce Bolognese anrichten. Parmesan darüber reiben.

4 ZUCCHINI-SPAGHETTI MIT LACHS

2 Schalotten / 1 Knoblauchzehe / 4 EL Olivenöl / 1 kg dünne Zucchini / 75 ml Weißwein / 200 g Sahne / 150 g Zuckerschoten / 150 g TK-Erbsen / 200 g Räucherlachs / 1 Bio-Zitrone / Salz / Pfeffer / 4 Stiele Basilikum / 50 g Parmesan

Schalotten und Knoblauch fein würfeln und mit Öl in einer tiefen Pfanne glasig dünsten. Zucchini mit einem Spiralschneider (alternativ Sparschäler) in lange dünne Streifen schneiden und in der Pfanne ca. 3 Min. unter Wenden mitdünsten. Mit Wein ablöschen, Sahne zugießen und einköcheln lassen.

Zuckerschoten halbieren und mit den Erbsen 3 Min. in kochendem Salzwasser garen, Lachs in mundgerechte Stücke schneiden. Alles in die Pfanne geben. Schale der Zitrone abreiben, den Saft auspressen. Beides in die Pfanne geben. Die Zucchini-Spaghetti mit Salz und Pfeffer würzen. Basilikumblättchen fein hacken und darüber streuen. Parmesan darüber reiben.

2 SPAGHETTI AGLIO E OLIO

8 Knoblauchzehen / 2 rote Chilischoten / 100 ml Olivenöl / 1 Bund glatte Petersilie / 500 g Spaghetti / Salz / Pfeffer / 50 g Parmesan

Knoblauch in dünne Scheiben schneiden, Chilischoten fein hacken. Beides in einer Pfanne mit Öl 2 Min. scharf anbraten. Petersilienblättchen fein hacken und dazugeben.

Spaghetti in kochendem Salzwasser nach Packungsanweisung bissfest garen, tropfnass in die Pfanne geben und darin schwenken. Salzen, pfeffern und Parmesan darüber reiben.

3 SPAGHETTI VONGOLE

1 kg Venusmuscheln / 4 Knoblauchzehen / 2 rote Chilischoten / 16 Kirschtomaten / 8 EL Olivenöl / 200 ml Weißwein / 500 g Spaghetti / Salz / 1 Handvoll glatte Petersilie / Fleur de Sel

Muscheln unter fließend kaltem Wasser waschen, abtropfen lassen und geöffnete Stücke entfernen. Knoblauch in dünne Scheiben schneiden, Chilischoten fein hacken, Tomaten halbieren.

Knoblauch und Chili in einer großen Pfanne mit Öl anbraten. Muscheln, Tomaten und Wein zugeben und alles bei starker Hitze einige Min. garen, bis die Muscheln geöffnet sind

5 SPAGHETTI CARBONARA

100 g Parmesan / 4 Eier / Salz / Pfeffer / 100 g durchwachsener Speck / 2 EL Olivenöl / 2 Knoblauchzehen / 500 g Spaghetti

Parmesan reiben, die Hälfte mit den Eier, Salz und Pfeffer in einer Schüssel mit dem Schneebesen verquirlen. Speck in Streifen schneiden, in einer großen Pfanne mit Öl ausbraten und beiseite legen. Knoblauch hacken und in der Pfanne andünsten.

Spaghetti in kochendem Salzwasser nach Packungsanweisung bissfest garen, im Bratfett schwenken und unter die Eier heben. Speck dazugeben und mit Pfeffer und restlichem Parmesan bestreuen.

PENNE, FARFALLE UND CO.

1 PENNE MIT TOMATENSAUCE UND PARMESAN

2 Strauchtomaten / 1 kleine Zwiebel / 4 EL Olivenöl / 1 Pr. Rohrohrzucker / 30 ml Weißwein / 120 ml Tomatensugo (S. 144) / 2 EL Pinienkerne / 500 g Penne / Salz / 2 Stiele Basilikum / Pfeffer / 75 g Parmesan

Tomaten klein würfeln. Zwiebel hacken. Beides in einer großen Pfanne mit 2 EL Öl dünsten, mit Zucker karamellisieren und mit Weißwein ablöschen. Tomatensugo zufügen und kurz aufkochen. Pinienkerne in einer Pfanne goldbraun rösten.

Penne in kochendem Salzwasser nach Packungsanweisung bissfest garen. Basilikum hacken und dazugeben. Nudeln mit Tomatensauce anrichten und mit 2 EL Öl, Pfeffer und Pinienkernen garnieren. Parmesan grob darüberhobeln.

2 FARFALLE IN SCHINKEN-PILZRAHM

25 g getrocknete Steinpilze / 300 g braune Champignons / 3 Schalotten / 1 Knoblauchzehe / 2 EL Olivenöl / 6 Scheiben Parmaschinken / 100 ml Marsala / 300 g Sahne / Salz / Pfeffer / 500 g Farfalle / 4 Stiele Petersilie / 50 g Parmesan

Steinpilze in 100 ml heißem Wasser, mind. 30 Min. einweichen lassen. Ausdrücken und klein hacken. Pilzsud aufbewahren. Champignons vierteln.

Schalotten und Knoblauch hacken und in einer großen Pfanne mit 2 EL Öl glasig dünsten. Pilze darin 3–5 Min. anbraten. Parmaschinken in feine Streifen schneiden und kurz mitgaren. Mit Marsala ablöschen, Pilzsud und Sahne dazugießen und alles bei mittlerer Hitze leicht dicklich einköcheln lassen. Mit Salz und Pfeffer würzen.

Farfalle in kochendem Salzwasser nach Packungsanweisung bissfest garen. Petersilienblättchen hacken. Beides in die Pfanne geben und durchschwenken. Parmesan darüber reiben.

3 CASARECCE MIT GEMÜSE UND ZIEGENKÄSE

3 Schalotten / 4 EL Olivenöl / 300 g Sahne / 200 g Ziegenfrischkäse / Salz / Pfeffer / 1 Bund grüner Spargel / 1 kleine Zucchini / 2 Frühlingszwiebeln / 1 EL Rohrohrzucker / 500 g Casarecce / ½ Bund Schnittlauch

Schalotten hacken und in einer großen Pfanne mit 2 EL Öl bei mittlerer Hitze glasig dünsten. Sahne und Käse zugeben und langsam unter Rühren aufkochen. Sauce salzen, pfeffern und in eine Schüssel füllen.

Spargel und Zucchini in feine Scheiben, Frühlingszwiebeln in feine Ringe schneiden. Alles in der Pfanne mit 2 EL Öl ca. 5 Min. anbraten und mit Zucker karamellisieren.

Casarecce in kochendem Salzwasser nach Packungsanweisung bissfest garen, abgießen und dabei ca. 50 ml Nudelwasser auffangen. Schnittlauch fein hacken und mit den Nudeln, der Sahnesauce und dem Nudelwasser zum Gemüse in die Pfanne geben und durchschwenken. Mit Salz und Pfeffer würzen.

4 ORECCHIETTE MIT RUCOLA, FETA UND WALNUSSPESTO

2 EL Walnussöl / 1 Bund Rucola / 1 Strauchtomate / 1 EL Rohrohrzucker / Salz / 500 g Orecchiette / 4 EL Walnusspesto (S. 141) / 100 g Feta / Pfeffer / 1 EL Olivenöl

Walnussöl in einer großen Pfanne erhitzen, zerkleinerten Rucola darin unter Rühren schmoren. Tomate klein würfeln, hinzufügen und 2 Min. mitgaren. Mit Zucker karamellisieren und leicht salzen.

Orecchiette in kochendem Salzwasser nach Packungsanweisung bissfest garen. Walnusspesto unterrühren. Feta zerbröseln und über die Nudeln streuen. Mit Pfeffer und Öl abschmecken.

MEIN ♥-REZEPT

5 TORTIGLIONI MIT KÜRBIS, KICHERERBSEN UND LAMM

½ kleiner Hokkaido / 2 Knoblauchzehen / 6 EL Olivenöl / 1 Pr. Zimt / Salz / Pul Biber / 250 g Lammhackfleisch / 1 Strauchtomate / Pfeffer / 1 Dose Kichererbsen (265 g) / 120 ml Tomatensugo (S. 144) / 500 g Tortiglioni / 4 Stiele Petersilie / 50 g Parmesan

Kürbis in ca. 1 cm große Würfel schneiden, Knoblauch hacken. Beides in einer großen Pfanne mit 2 EL Öl anbraten. Mit Zimt, Salz und Pul Biber würzen, 3 EL Wasser zufügen und zugedeckt 3–5 Min. garen. In eine Schüssel umfüllen.

Das Hackfleisch in der Pfanne mit 2 EL Öl anbraten. Tomate klein würfeln, 2 Min. mitbraten, salzen und pfeffern. Kürbis, Kichererbsen und Tomatensugo untermischen.

Tortiglioni in kochendem Salzwasser nach Packungsanweisung bissfest garen. Petersilienblättchen hacken. Beides zum Kürbis-Lamm-Ragout geben und verrühren. Mit 2 EL Öl beträufeln und Parmesan darüber hobeln.

GEFÜLLTE PASTA

MEIN ♥-REZEPT

1 SPINATRAVIOLI

250 g Mehl Tipo 00 (alternativ Typ 550) / 50 g Hartweizengrieß / 6 Eier / 1 TL Salz / 200 g TK-Blattspinat / 150 g Ricotta / 130 g Pecorino / 1 TL Muskat / Salz / Pfeffer / 100 g Nussbutter (S. 121) / 40 g Parmesan

Für den Pastateig Mehl, Grieß, 3 Eier, Salz und 2 EL Wasser zu einem glatten Teig verkneten, in Folie wickeln und ca. 1 Std. in den Kühlschrank stellen. Spinat nach Packungsanleitung zubereiten, ausdrücken und fein schneiden. In einer Schüssel mit Ricotta und 1 Ei vermischen. Pecorino darüber reiben. Mit Muskat, Salz und Pfeffer abschmecken.

Pastateig auf einer mit Grieß bestreuten Arbeitsfläche mit dem Nudelholz dünn ausrollen (alternativ durch die Nudelmaschine drehen) und halbieren. Füllung in Abständen von 4–5 cm in walnussgroßen Portionen nebeneinander auf eine der Teigplatten geben. 2 Eier verquirlen und die andere Teigplatte damit bestreichen. Platten aufeinanderlegen und gut andrücken. Ravioli ausschneiden, Rand mit der Gabel fest andrücken. In leicht kochendem Salzwasser 4–5 Min. garen. Nussbutter erhitzen und die Ravioli darin schwenken. Parmesan darüber reiben.

2 KALBSTORTELLINI IN TOMATENSUGO

60 g Kalbsfleisch / 60 g Schweinefilet / 10 g Butter / 200 g Parmesan / 80 g Parmaschinken / 80 g Mortadella / 4 Eier / 1 TL Muskat / Salz / Pfeffer / Pastateig / 100 ml Tomatensugo (S. 144)

Fleisch klein schneiden und in einer Pfanne mit Butter 5–6 Min. anbraten. 160 g Parmesan reiben. Alles mit Parmaschinken, Mortadella und 2 Eiern in einem Zerkleinerer zu einer feinen Masse verarbeiten. Mit Muskat, Salz und Pfeffer würzen.

Pastateig wie beim Rezept Spinatravioli zubereiten, in 4 cm breite Quadrate schneiden und die Fleischfüllung in walnussgroßen Portionen mittig auf die Teigplatten legen. 2 Eier trennen, das Eigelb verquirlen. Ränder damit bestreichen, diagonal zu einem Dreieck übereinander schlagen und fest andrücken. Den unteren, bauchigen Teil nach oben zur Spitze des Dreiecks drehen. Teiglinge um den Finger wickeln und die Enden fest zusammendrücken.

Tortellini in Grieß wälzen und im leicht kochendem Salzwasser 4–5 Min. garen. Tomatensugo erhitzen und die Ravioli darin schwenken. 40 g Parmesan darüber reiben.

3 MAULTASCHEN

275 g Mehl / 8 Eier / Salz / 1 Brötchen / 120 g Sahne / 1 Zwiebel / 1 EL Butter / 3 Stiele Petersilie / ½ Bio-Zitrone / 450 g Blattspinat / 250 g gemischtes Hackfleisch / 200 g Bratwurstbrät / 1 TL Muskat / Pfeffer / 1 l Rinderbrühe (S. 45) / ½ Bund Schnittlauch

Mehl, 3 Eier und Salz zu einem glatten Teig verkneten, in Klarsichtfolie wickeln und 1 Std. kalt stellen. Brötchen würfeln und in eine Schüssel legen. Sahne erhitzen, darüber gießen. Zwiebeln hacken, in einer Pfanne mit Butter glasig dünsten. Zitroneschale abreiben. Spinat blanchieren, ausdrücken und hacken. Alles mit Hackfleisch, Brät, 3 Eiern und Petersilienblättern in die Schüssel geben und verkneten. Mit Muskat, Salz und Pfeffer würzen.

Teig mit einem Nudelholz dünn ausrollen und in ca. 10 cm breite Teigbahnen schneiden. Eine Hälfte der Bahnen mit der Hackfleischmasse belegen. 2 Eier verquirlen, die andere Hälfte der Bahnen damit bestreichen. Bahnen jeweils aufeinanderlegen, fest andrücken und mit einem Kochlöffelstiel alle 4 cm eindrücken und durchschneiden. Ränder fest andrücken. Maultaschen in der Brühe 10 Min. garen. Schnittlauch in Röllchen schneiden und darüber streuen.

4 STEINPILZRAVIOLI

200 g vorwiegend festkochende Kartoffeln / Salz / 20 g getrocknete Steinpilze / 150 g Champignons / 5 Zwiebeln / 2 EL Olivenöl / 4 Stiele Petersilie / 1 Ei / 250 g Ricotta / 1 TL Muskat / Pfeffer / Pastateig / 100 g Trüffelbutter / 100 g Ziegenkäse

Kartoffeln mit Schale in kochendem Salzwasser 20–25 Min. garen, pellen und durch die Kartoffelpresse drücken. Steinpilze in 200 ml heißem Wasser 10 Min. einweichen lassen, ausdrücken und fein hacken. Champignons und Zwiebeln fein schneiden. Alles in einer Pfanne mit Öl bei mittlerer Hitze ca. 10 Min. braten. Petersilienblättchen zugeben.

1 Ei trennen. Eigelb mit der Pilz-Zwiebel-Masse, dem Kartoffelpüree und Ricotta verrühren. Mit Muskat, Salz und Pfeffer würzen. Pastateig wie beim Rezept Spinatravioli zubereiten, mit der Ricotta-Walnuss-Mischung füllen und kochen. Trüffelbutter erhitzen und die Ravioli darin schwenken. Ziegenkäse grob bröseln und darüber streuen.

5 RICOTTA-WALNUSS-RAVIOLI IN ORANGENBUTTER

50 g Walnusskerne / 2 Schalotten / 30 g Butter / 50 g getrocknete Aprikosen / 1 EL Marsala / Salz / Pfeffer / 1 Ei / 250 g Ricotta / 60 g Parmesan / Pastateig / 100 g Orangenbutter (S. 121)

Walnusskerne in einer Pfanne rösten, beiseite legen. Schalotten fein würfeln und in der Pfanne mit Butter 2–3 Min. glasig dünsten. Aprikosen hacken, zugeben, durchschwenken, mit Marsala ablöschen und verkochen lassen. Walnüsse zugeben, salzen und pfeffern und alles mit dem Stabmixer pürieren. 1 Ei trennen, Eigelb und Ricotta unterrühren. 20 g Parmesan darüber reiben.

Pastateig wie beim Rezept Spinatravioli zubereiten, mit der Ricotta-Walnuss-Mischung füllen und kochen. Orangenbutter in einer Pfanne erhitzen, die Ravioli abgetropft zugeben und anbraten. 40 g Parmesan darüber reiben.

RISOTTO

SAFRANRISOTTO

1 Döschen Safranfäden / 1 Zwiebel / 5 EL Butter / 350 g Risottoreis / 1 l Hühnerbrühe (S. 42) / 75 g Parmesan / Salz / Pfeffer

Safranfäden mit 2 EL heißem Wasser übergießen. Zwiebel fein würfeln und in einem breiten Topf mit 2 EL Butter bei mittlerer Hitze glasig dünsten. Reis unter Rühren mitdünsten, bis er hell ist. Brühe erhitzen und kellenweise dazugießen, dabei ständig umrühren.

Den aufgelösten Safran einrühren. 20–25 Min. garen, bis das Risotto cremig ist. Parmesan reiben und mit 3 EL Butter unter das Risotto rühren. Mit Salz und Pfeffer abschmecken.

RUCOLA-PINIENKERN-RISOTTO

1 Zwiebel / 1 Knoblauchzehe / 5 EL Olivenöl / 300 g Risottoreis / 100 ml Weißwein / 1 l Gemüsebrühe (S. 38) / 50 g Rucola / 80 g Pinienkerne / 75 g Parmesan / 2 EL Butter / Salz / Pfeffer

Zwiebel und Knoblauch fein würfeln und in einem breiten Topf mit 2 EL Öl bei mittlerer Hitze glasig dünsten. Reis mitdünsten, bis er hell ist. Mit Weißwein ablöschen und einkochen lassen. Brühe erhitzen und kellenweise dazugießen, dabei ständig umrühren. 20–25 Min. garen, bis das Risotto cremig ist.

Pinienkerne in einer Pfanne rösten. Parmesan reiben. Rucola grob hacken, zusammen mit 3 EL Öl mit dem Stabmixer fein pürieren und mit der Butter, der Hälfte der Pinienkerne und dem geriebenen Parmesan unter das fertige Risotto rühren. Mit Salz und Pfeffer abschmecken und mit den restlichen Pinienkernen bestreuen.

BROKKOLI-RISONI-RISOTTO MIT SCHAFSKÄSE

1 Brokkoli / 150 g TK-Erbsen / Salz / 2 Zwiebeln / 2 Knoblauchzehen / 4 EL Olivenöl / 300 g Risoni- Nudeln / ½ Bio-Zitrone / 2 EL Ricotta / Pfeffer / 75 g blanchierte Mandeln / 200 g Schafskäse / 3 Zweige Oregano / 3 Stiele Minze

Brokkoliröschen vom Strunk trennen. Mit den Erbsen in Salzwasser 3–4 Min. bissfest garen, kalt abschrecken und abtropfen lassen. 850 ml Gemüsefond auffangen. Zwiebeln und Knoblauch fein würfeln und mit Öl in einem breiten Topf glasig dünsten. Nudeln zufügen, kurz mitbraten. Nach und nach den Gemüsefond zugeben und bei mittlerer Hitze unter Rühren 20–25 Min. garen.

Schale der Zitrone abreiben und Saft auspressen. Beides mit Ricotta, Brokkoli und Erbsen 2 Min. vor Ende der Garzeit in das Risotto einrühren. Salzen und pfeffern. Mandeln in einer Pfanne rösten, Schafskäse zerbröseln, Oregano- und Minzblätter fein hacken. Alles unter das Risotto heben.

MEIN ♥-REZEPT

GRAUPEN-KÜRBIS-RISOTTO

1 kleiner Butternusskürbis / 40 g Butter / Salz / 1 Pr. Zimt / Muskatnuss / 2 Schalotten / 3 EL Olivenöl / 200 g Gerstengraupen / 100 ml Weißwein / 500 ml Gemüsebrühe (S. 38) / Cayennepfeffer / 40 g Walnusskerne / 100 g Gorgonzola

Kürbis in ca. 1,5 cm große Würfel schneiden und in einer beschichteten Pfanne mit 30 g Butter bei mittlerer Hitze anbraten. Mit Salz, Zimt und Muskat würzen. Zugedeckt bei milder Hitze weich dünsten, nach ca. 12 Min. ⅓ des Kürbis herausnehmen und beiseite stellen. Rest nach weiteren 5 Min. mit einem Stabmixer pürieren.

Schalotten fein würfeln, mit Öl in einem Topf glasig dünsten. Graupen zufügen und kurz mitdünsten. Mit Wein ablöschen, einkochen lassen. Brühe zugießen und unter Rühren ca. 30 Min. garen.

Kürbispüree unter die Graupen geben, mit Salz und Pfeffer würzen. Nüsse grob hacken, in einer Pfanne mit 10 g Butter goldbraun rösten und mit den Kürbiswürfeln und dem Gorgonzola auf dem Graupenrisotto anrichten.

PILZRISOTTO

10 g getrocknete Steinpilze / 1 l Gemüsebrühe (S. 38) / 1 Zwiebel / 2 kleine Knoblauchzehen / 5 EL Olivenöl / 300 g Risottoreis / 100 ml Weißwein / 75 g Parmesan / 2 EL Butter / Salz / Pfeffer / 400 g Kräuterseitlinge / ½ Bund glatte Petersilie

Pilze in 100 ml heißem Wasser 10 Min. einweichen lassen, durch ein Sieb abgießen, ausdrücken und fein hacken. Pilzsud auffangen und mit der Brühe erhitzen.

Zwiebel und Knoblauch fein würfeln und in einem breiten Topf mit 2 EL Öl bei mittlerer Hitze glasig dünsten. Reis unter Rühren mitdünsten, bis er hell ist. Mit Wein ablöschen und fast vollständig einkochen lassen. Eingeweichte Pilze zugeben und die Brühe kellenweise dazugießen, dabei ständig umrühren. 20–25 Min. garen, bis das Risotto cremig ist. Parmesan reiben und mit der Butter unter das Risotto rühren. Mit Salz und Pfeffer abschmecken.

Kräuterseitlinge vierteln, 5 Min. vor Ende der Garzeit in einer beschichteten Pfanne mit 3 EL Öl braten, salzen und pfeffern. Petersilienblättchen hacken. Das Risotto mit beidem bestreuen.

LASAGNE

LASAGNE BOLOGNESE

1 Möhre / 1 Zwiebel / 3 EL Olivenöl / 500 g Rinderhackfleisch / 250 g passierte Tomaten / 3 EL Tomatenmark / Salz / Pfeffer / 75 g Butter / 3 EL Mehl / 500 ml Milch / 1 Pr. Muskat / 9 Lasagneplatten / 50 g geriebener Parmesan

Möhre und Zwiebel klein schneiden, in einem großen Topf mit Öl anbraten. Fleisch 5 min. mitbraten. Tomaten, Tomatenmark und 50 ml Wasser dazugeben und 15 min. köcheln lassen. Salzen und pfeffern.

Butter in einem Topf schmelzen, Mehl hinzufügen und Milch unter Rühren hineingießen. Mit Salz, Pfeffer und Muskat würzen und damit den Boden einer Auflaufform begießen.

Dreimal abwechselnd in der Form schichten: Nudeln, Fleischragout, Sauce und Parmesan. Lasagne im Ofen bei 200 °C 30 Min. backen.

SPINAT-LACHS-LASAGNE

1 Zitrone / 400 g TK-Blattspinat / Salz / Pfeffer / 400 g Lachsfilet / 75 g Butter / 3 EL Mehl / 500 ml Milch / 1 Pr. Muskat / 1 TL Tafel-Meerrettich / 2 EL Olivenöl / 12 Lasagneplatten / 50 g Parmesan

Zitrone auspressen. Spinat nach Packungsanleitung auftauen, mit Salz und Pfeffer würzen. Lachs in 3 flache Stücke schneiden, mit 2 EL Zitronensaft und Pfeffer würzen, 10 Min. ziehen lassen.

Butter in einem Topf schmelzen. Mit dem Schneebesen Mehl einrühren. Nach und nach Milch hinzugießen. Die Sauce mit Salz, Pfeffer, Muskat, Meerrettich und 1 EL Zitronensaft würzen.

Auflaufform mit Öl einfetten und dreimal abwechselnd schichten: Nudeln, Spinat, Lachs und Sauce. Parmesan darüber reiben und Lasagne im Ofen bei 200 °C 30 Min. backen.

GEMÜSELASAGNE

1 Zwiebel / 2 Knoblauchzehen / 3 EL Olivenöl / 250 g festkochende Kartoffeln / 150 g Knollensellerie / 2 Möhren / 2 Zucchini / ½ Stange Lauch / 4 EL Mehl / 40 g Butter / 1 Dose geschälte Tomaten (400 g) / 450 ml Milch / 90 g geriebener Emmentaler / Salz / Pfeffer / Muskat / 9 Lasagneplatten

Zwiebel und Knoblauch fein würfeln, in einem großen Topf mit Öl glasig dünsten. Kartoffeln, Sellerie, Möhren und Zucchini klein schneiden, hinzugeben und 6 Min. anbraten. Lauch in dünne Streifen schneiden, mit 1 EL Mehl in den Topf geben und 2 Min. unter Rühren mitgaren. Mit 200 ml Wasser ablöschen. Tomaten hinzugeben und bei mittlerer Hitze 20 Min. einkochen lassen.

Butter in einem Topf schmelzen. Mit dem Schneebesen 3 EL Mehl einrühren. Nach und nach Milch unter Rühren hinzugießen. 40 g Emmentaler unterrühren, mit Salz, Pfeffer und Muskat abschmecken.

Boden der Form mit der Sauce begießen. Dreimal abwechselnd in der Form schichten: Nudeln, Gemüse und Sauce. Lasagne mit 50 g Käse bedecken und im Ofen bei 200 °C 20 Min. backen.

PILZLASAGNE

200 g Staudensellerie / 150 g Möhren / 1 Gemüsezwiebel / 1 Knoblauchzehe / 6 EL Olivenöl / 1 kg Pilze (z. B. Champignons, Shiitake, Steinpilze) / 1 EL Tomatenmark / 2 Dosen Tomatenstücke (je 400 g) / 200 ml Weißwein / 5 Zweige Thymian / 5 Zweige Oregano / Salz / Pfeffer / Zucker / 50 g Butter / 50 g Mehl / 700 ml Milch / 100 g Parmesan / Muskat / 12 Lasagneplatten

Sellerie, Möhren, Zwiebel und Knoblauch klein würfeln und in einer großen Pfanne mit Öl 2–3 Min. scharf anbraten. Pilze grob hacken und 5–6 Min. mitbraten. Tomatenmark unterrühren, mit Weißwein ablöschen. Tomaten, Thymian- und Oreganoblättchen zugeben. Mit Salz, Pfeffer und Zucker würzen und 25–30 Min. einkochen lassen.

Butter in einem Topf schmelzen. Mit dem Schneebesen Mehl einrühren. Nach und nach Milch unter Rühren hinzugießen. Parmesan reiben, 50 g davon unterrühren. Mit Salz, Pfeffer und Muskat abschmecken.

Auflaufform mit Butter einfetten und dreimal abwechselnd schichten: Nudeln, Pilzragout und Sauce. 50 g Parmesan darüber streuen und Lasagne im Ofen bei 180 °C 30–35 Min. backen.

KÜRBISLASAGNE

1 Gemüsezwiebel / 2 Knoblauchzehen / 2 EL Butter / 1 mittelgroßer Hokkaido / 100 g Sahne / 1 EL Balsamico Bianco / 1 TL Currypulver / Salz / Pfeffer / 2 gelbe Paprika / 200 g Feta / 1 EL Butterschmalz / 200 g Lasagneplatten

Zwiebel und Knoblauch hacken, in einem großen Topf mit Butter glasig dünsten. Kürbis in Stücke schneiden und darin 3–5 Min. anbraten. Mit 100 ml Wasser und Sahne ablöschen, zugedeckt 12–15 Min. garen.

Mit dem Stabmixer pürieren und mit Essig, Curry, Salz und Pfeffer würzen. Paprika klein schneiden. Feta klein würfeln. Auflaufform mit Schmalz einfetten und dreimal abwechselnd schichten: Nudeln, Kürbispüree, Paprikawürfel und Feta. Lasagne im Ofen bei 180 °C 45 Min. backen.

MEIN ♥-REZEPT

PIZZA

1 PIZZA MARGHERITA

Für den Pizzateig (1 Blech): 250 g Mehl / ½ Würfel frische Hefe (21 g) / 125 ml Wasser / 1 EL flüssiger Honig / ½ TL Salz

Für den Pizzabelag (1 Blech): 50 ml Tomatensugo (S. 144) / 125 g Mozzarella / 125 g Edamer

12 Kirschtomaten / 1 Handvoll Kräuter (z. B. Basilikum, Oregano, Thymian, Rosmarin) / 1 EL Olivenöl

Für den Teig Hefe zerbröseln und mit den anderen Zutaten in eine Schüssel geben. Alles mit dem Handmixer verkneten bis ein glatter Teig entstanden ist. Teig zugedeckt an einem warmen Ort 45 Min. gehen lassen. Teig mit den Händen durchkneten und mit dem Nudelholz auf der bemehlten Arbeitsfläche dünn ausrollen. Auf ein mit Backpapier ausgelegtes Backblech legen.

Für den Belag Edamer reiben und Mozzarella in kleine Stücke reißen. Den Teig mit der Tomatensugo bestreichen und dem Käse belegen.

Tomaten halbieren und Kräuter hacken. Beides auf die Pizza verteilen und mit Öl beträufeln. Im Ofen bei 230 °C ca. 20 Min. backen.

2 PIZZA VERDURA ALLA GRIGLIA

Pizzateig (1 Blech) / Pizzabelag (1 Blech) / 1 kleine Aubergine / 1 kleine Zucchini / 1 Zwiebel / 1 gelbe Paprika / 1 Knoblauchzehe / 3 EL Olivenöl / 2 Zweige Thymian / Salz / Pfeffer / 30 g Parmesan

Pizzateig mit Belag vorbereiten. Aubergine, Zucchini und Zwiebel in dünne Scheiben, Paprika in grobe Streifen schneiden. Knoblauch hacken. Alles in einer großen Pfanne mit 2 EL Öl scharf anbraten, Thymianblätter zugeben und mit Salz und Pfeffer würzen. Das Grillgemüse auf den Pizzateig verteilen, Öl darüber träufeln und im Ofen bei 230 °C 20 Min. backen. Parmesan darüber hobeln.

3 PIZZA SALSICCIA

Pizzateig (1 Blech) / Pizzabelag (1 Blech) / 100 g Salsiccia Calabrese / 20 Kirschtomaten / 1 EL Olivenöl / 2 Stiele Basilikum

Pizzateig mit Belag vorbereiten. Salsiccia in dünne Scheiben schneiden, Kirschtomaten halbieren. Beides auf den Pizzateig verteilen, Öl darüber träufeln und im Ofen bei 230 °C 20 Min. backen. Danach mit Basilikumblättern garnieren.

MEIN ♥-REZEPT

4 PIZZA BIANCA

125 g Edamer / 125 g Mozzarella / 125 g Edamer / 150 g Crème fraîche / Pizzateig (1 Blech) / 6 Stangen grüner Spargel / 200 g Räucherlachs / 1 EL Olivenöl / ½ Zitrone / 50 g Rucola / Pfeffer

Edamer reiben, Mozzarella in kleine Stücke reißen. Beides mit Crème fraîche auf den Pizzateig legen. Spargel in Stücke schneiden und mit dem Lachs auf die Pizza verteilen. Öl darüber träufeln und im Ofen bei 230 °C 20 Min. backen. Zitrone auspressen. Die Pizza mit Rucola garnieren und mit Pfeffer und Zitronensaft würzen.

5 PIZZA NAPOLI

Pizzateig (1 Blech) / Pizzabelag (1 Blech) / 1 kleines Glas Sardellen / 150 g schwarze kernlose Oliven / 2 EL Kapern / 1 EL Olivenöl

Pizzateig mit Belag vorbereiten. Sardellen, Oliven und Kapern auf den Pizzateig verteilen, Öl darüber träufeln und im Ofen bei 230 °C 20 Min. backen.

HUHN SPEZIAL

1 ZITRONEN-ROSMARIN-HÄHNCHENBRUST

1 Knoblauchzehe / 2 Zweige Rosmarin / 1 Bio-Zitrone / 4 Hähnchenbrustfilets (je ca. 180 g) / Salz / 4 EL Olivenöl / 2 EL Rapsöl

Knoblauch in feine Scheiben schneiden. Rosmarin hacken. Zitronenschale abreiben. Hähnchen in eine Schüssel geben, mit Salz würzen, Knoblauch, Rosmarin, Zitronenschale und Olivenöl zufügen und alles gut vermischen. Zugedeckt mind. 2 Std. im Kühlschrank marinieren.

Hähnchenbrüste in einer großen beschichteten Pfanne mit Rapsöl bei starker Hitze auf jeder Seite 2 Min. anbraten. Dann bei mittlerer Hitze 8–10 Min. fertig braten.

MEIN ♥-REZEPT

2 SCHARFE HÄHNCHEN-SATÉ MIT MANGO-SALSA

20 g Ingwer / 1 Zitrone / 100 ml Kokosmilch / 3 EL Sojasauce / 6 EL Sesamöl / 2 EL Rohrohrzucker / 2 EL rote Currypaste / 3 Hähnchenbrustfilets (je ca. 180 g) / 8 EL Mango-Paprika-Salsa (S. 143)

Ingwer fein reiben, Saft aus Zitrone pressen. Beides mit Kokosmilch, Sojasauce, 4 EL Öl, Zucker und Currypaste glatt rühren. Hähnchenbrüste längs in schmale Streifen schneiden. Mit der Marinade mischen und mind. 2 Std. im Kühlschrank ziehen lassen.

Je 1 Streifen Hähnchenfilet wellenförmig auf Holzspieße stecken und in einer Pfanne mit 2 EL Öl bei starker Hitze ca. 5 Min. braten. Saté-Spieße mit Mango-Paprika-Salsa servieren.

3 HÄHNCHENKEULEN MIT BUNTEM BLECHGEMÜSE

4 Möhren / 1 rote Paprika / 1 kleiner Blumenkohl / 400 g kleine mehlig kochende Kartoffeln / 2 Knoblauchzehen / 3 Zweige Rosmarin / 8 Zweige Thymian / 6 EL Olivenöl / Salz / Pfeffer / 4 Hähnchenkeulen (je ca. 250 g)

Möhren und Paprika in mundgerechte Stücke schneiden, Blumenkohl in Röschen teilen, Kartoffeln halbieren. Knoblauch, Rosmarinnadeln und Thymianblättchen fein hacken.

Alles mit den Hähnchenkeulen, Öl, Salz und Pfeffer in eine große Schüssel geben und durchmischen. Auf einem Backblech verteilen und im Ofen bei 200 °C 45 Min. goldbraun braten.

4 COQ AU VIN

4 Hähnchenkeulen (je ca. 250 g) / Salz / Pfeffer / 3 EL Olivenöl / 150 g durchwachsener Speck / 10 Schalotten / 150 g Knollensellerie / 2 Möhren / 2 Knoblauchzehen / 750 ml trockener Rotwein / 1 Bouquet garni (je 4 Stiele Petersilie, Thymian, Estragon, 2 Lorbeerblätter) / 200 ml Hühnerbrühe (S. 42) / 1 mehlig kochende Kartoffel / 200 g braune Champignons / 2 EL schwarzes Johannisbeergelee

Hähnchenkeulen salzen und pfeffern, in einem Bräter mit 2 EL Öl bei starker Hitze 5 Min. anbraten und herausnehmen. Speck würfeln. Schalotten halbieren und mit 75 g Speck im Bräter 5 Min. braten. Sellerie und Möhren würfeln. Knoblauch hacken. Alles im Bräter 5 Min. mitbraten. Mit 300 ml Rotwein ablöschen und einkochen. Die Keulen und das Bouquet garni zufügen, mit 450 ml Rotwein und der Brühe aufgießen und zugedeckt bei milder Hitze 35 Min. schmoren.

Keulen herausnehmen. Kartoffel reiben, in die Sauce rühren und 15 Min. einkochen. Pilze halbieren und mit 75 g Speck in einer Pfanne mit 1 EL Öl bei starker Hitze 3–5 Min. braten und mit den Keulen und dem Johannisbeergelee in den Bräter geben. Mit Salz und Pfeffer würzen.

5 BRATHÄHNCHEN AUS DEM OFEN

1 Zwiebel / 1 Knoblauchzehe / 1 Brathähnchen (ca. 1,2 kg) / 60 g Butterschmalz / 1 TL edelsüßer Paprikapulver / 1 TL Pimentón picante / Salz / Pfeffer

Zwiebel und Knoblauch vierteln und in die Bauchhöhle des Brathähnchens füllen, dieses mit der Brust nach oben in einen Bräter legen. Schmalz in einem kleinen Topf zerlassen und Paprikapulver unterrühren. Hähnchen damit einpinseln und mit Salz und Pfeffer bestreuen.

Im Ofen bei 160 °C ca. 1 Std. braten. Hähnchen zwischendurch mit der restlichen Butterschmalzmischung und dem Bratfett bestreichen. Hitze auf 200 °C erhöhen und weitere 15 Min. kross braten, dann im ausgeschalteten Ofen 5–10 Min. ruhen lassen.

FRIKADELLEN

1 KLASSISCHE FRIKADELLEN

1 Zwiebel / 6 EL Rapsöl / 4 Stiele glatte Petersilie / 500 g gemischtes Hackfleisch / 1 Ei / 1 TL Senf / 3 EL Semmelbrösel / Salz / Pfeffer

Zwiebel sehr fein würfeln, in einer Pfanne mit 2 EL Öl bei mittlerer Hitze glasig dünsten. Petersilienblättchen fein hacken. Beides mit Hackfleisch, Ei, Senf und den Semmelbröseln in einer Schüssel gut verkneten, kräftig mit Salz und Pfeffer würzen.

Mit angefeuchteten Händen 8 Frikadellen formen. 4 EL Öl in der Pfanne erhitzen, Frikadellen darin bei mittlerer Hitze auf jeder Seite ca. 6 Min. braten, bis sie gut gebräunt sind.

2 MEDITERRANE FLEISCHBÄLLCHEN

1 Scheibe Toastbrot / 1 Zwiebel / 2 Knoblauchzehen / 6 EL Olivenöl / 20 ml Marsala / 500 g Rinderhackfleisch / 1 TL Tomatenmark / 1 Ei / 50 g Parmesan / ½ Bio-Zitrone / 1 EL Kapern / 1 Zweig Rosmarin / Salz / Pfeffer

Toastbrot in Wasser einweichen, gut ausdrücken. Zwiebel und Knoblauch sehr fein würfeln, in einer Pfanne mit 2 EL Öl bei mittlerer Hitze glasig dünsten. Mit Marsala ablöschen und vollständig einkochen lassen. Mit Toast, Hackfleisch, Tomatenmark und Ei in einer Schüssel verkneten. Parmesan dazu geben.

Zitronenschale abreiben, 1 TL Abrieb zufügen. Kapern und Rosmarinnadeln fein hacken und zugeben. Masse gut verkneten und kräftig mit Salz und Pfeffer würzen.

Mit angefeuchteten Händen 8 Fleischbällchen formen. 4 EL Öl in der Pfanne erhitzen, Fleischbällchen darin bei mittlerer Hitze auf jeder Seite ca. 6 Min. braten, bis sie gut gebräunt sind.

3 SPANISCHE RINDFLEISCHBÄLLCHEN

1 Zwiebel / 2 Knoblauchzehen / 6 EL Olivenöl / 50 ml Portwein / 30 g blanchierte Mandeln / 50 g Rosinen / 500 g Rinderhack / 1 TL Zimt / Salz / Pfeffer / 100 ml Tomaten-Zimt-Sugo (S. 144)

Zwiebel und Knoblauch sehr fein würfeln, in einer Pfanne mit 2 EL Öl bei mittlerer Hitze glasig dünsten. Mit Portwein ablöschen, fast vollständig einkochen lassen und in eine Schüssel geben. Mandeln grob hacken und in der Pfanne rundum goldbraun anbraten.

Rosinen klein hacken und mit dem Hackfleisch in die Schüssel geben. Mit Zimt, Salz und Pfeffer würzen und gut verkneten. Mit angefeuchteten Händen 8 Fleischbällchen formen. 4 EL Öl in der Pfanne erhitzen, die Fleischbällchen darin bei mittlerer Hitze auf jeder Seite ca. 5 Min. braten, bis sie gut gebräunt sind.

Tomatensugo in einem Topf erhitzen, die Fleischbällchen zufügen und ca. 2 Min. darin ziehen lassen.

4 ORIENTALISCHE LAMMFLEISCHBÄLLCHEN

1 Zwiebel / 2 Knoblauchzehen / 6 EL Olivenöl / 50 ml Marsala / 50 g getrocknete Aprikosen / 30 g Pistazien / 3 Zweige Minze / 250 g Lammhackfleisch / 250 g Rinderhackfleisch / 1 TL Kreuzkümmel / ½ TL gemahlener Piment / 1 Pr. Zimt / Salz / Pfeffer

Zwiebel und Knoblauch sehr fein würfeln, in einer Pfanne mit 2 EL Öl bei mittlerer Hitze glasig dünsten. Mit Marsala ablöschen und fast vollständig einkochen lassen. Aprikosen klein hacken, zufügen und kurz mit braten. Alles in eine Schüssel geben.

Pistazien grob hacken und in der Pfanne goldbraun rösten. Minzblättchen fein hacken und mit dem Hackfleisch in die Schüssel geben. Mit Kreuzkümmel, Piment, Zimt, Salz und Pfeffer würzen und gut verkneten.

Mit angefeuchteten Händen 8 Fleischbällchen formen. 4 EL Öl in der Pfanne erhitzen, Fleischbällchen darin bei mittlerer Hitze ca. 6 Min. braten, bis sie gut gebräunt sind.

5 FISCHBÄLLCHEN

50 g Weißbrot vom Vortag / 500 g Kabeljaufilet / 2 Frühlingszwiebeln / ½ Bund Petersilie / ½ Bio-Zitrone / 1 Ei / Salz / Cayennepfeffer / 1 TL Currypulver / 200 ml Rapsöl

Weißbrot entrinden, klein schneiden und in kaltem Wasser einweichen. Fischfilet, Frühlingszwiebeln und Petersilienblättchen fein hacken. Zitronenschale abreiben und Saft auspressen. Das Brot gut ausdrücken und mit den anderen Zutaten sowie dem Ei in einer Schüssel vermischen. Mit Salz, Pfeffer und Currypulver würzen.

Aus der Fischmasse kleine Bällchen formen. Diese in einer großen Pfanne mit Öl ca. 4 Min. goldbraun ausbacken, herausheben und auf Küchenpapier abtropfen lassen.

MEIN ♥-REZEPT

SCHNITZEL

MEIN ♥-REZEPT

1 WIENER SCHNITZEL

4 Kalbsschnitzel (je 150 g) / 3 Eier / 1 EL Sahne / 40 g Mehl / 150 g Semmelbrösel / Salz / Pfeffer / 500 ml Maiskeimöl

Schnitzel mit Klarsichtfolie bedecken und 0,5 cm dünn klopfen. Die Eier in einen tiefen Teller aufschlagen, Sahne zufügen und mit einer Gabel verquirlen. Mehl und Semmelbrösel in je einen weiteren Teller geben.

Schnitzel salzen und pfeffern, im Mehl wenden, durch die Eiersahne ziehen und in den Semmelbröseln panieren. Öl 2 cm hoch in eine große Pfanne gießen, erhitzen und die Schnitzel darin von beiden Seiten 3–5 Min. schwimmend goldgelb ausbacken. Herausnehmen und auf einem Küchenpapier abtropfen lassen.

2 SCHWEINESCHNITZEL IN DER MANDELKRUSTE

4 Schweineschnitzel (je 150 g) / 3 Eier / 40 g Mehl / 150 g Semmelbrösel / 6 EL Mandelblättchen / Salz / Pfeffer / 500 g Butterschmalz

Schnitzel mit Klarsichtfolie bedecken und 0,5 cm dünn klopfen. Die Eier in einem tiefen Teller mit einer Gabel verquirlen. Mehl und Semmelbrösel in je einen weiteren Teller geben. Die Mandeln unter die Semmelbrösel mischen.

Schnitzel salzen und pfeffern, im Mehl wenden, durch die Eier ziehen und in der Mandel-Brösel-Mischung panieren. Schmalz in einer großen Pfanne erhitzen und die Schnitzel darin von beiden Seiten 3–5 Min. schwimmend goldgelb ausbacken. Herausnehmen und auf einem Küchenpapier abtropfen lassen.

3 PUTENSCHNITZEL IM KOKOSMANTEL

4 Putenschnitzel (je 150 g) / 3 Eier / 40 g Mehl / 50 g Semmelbrösel / 100 g Kokosraspel / Salz / Pfeffer / 6 EL Sonnenblumenöl

Schnitzel mit Klarsichtfolie bedecken und 0,5 cm dünn klopfen. Die Eier in einem tiefen Teller mit einer Gabel verquirlen. Mehl und Semmelbrösel in je einen weiteren Teller geben. Die Kokosraspel unter die Semmelbrösel mischen.

Schnitzel salzen und pfeffern, im Mehl wenden, durch die Eier ziehen und in der Kokos-Brösel-Mischung panieren. Schnitzel in einer Pfanne mit Öl auf jeder Seite ca. 3 Min. goldbraun braten und auf Küchenpapier abtropfen lassen.

4 CORDON BLEU

4 Schweineschnitzel (je 150 g) / 4 Scheiben Emmentaler / 4 Scheiben Kochschinken / 2 Eier / 1 EL Sahne / 40 g Mehl / 150 g Semmelbrösel / 150 g Butterschmalz / Salz / Pfeffer

Schnitzel der Länge nach einschneiden, mit Klarsichtfolie bedecken und 0,5 cm dünn klopfen. Je eine Scheibe Käse und Schinken hineinlegen, Schnitzel zuklappen und mit Zahnstochern fixieren. Eier und Sahne in einem tiefen Teller mit einer Gabel verquirlen. Mehl und Semmelbrösel in je einen weiteren Teller geben.

Butterschmalz in einer Pfanne stark erhitzen. Cordon Bleu salzen und pfeffern, im Mehl wenden, durch die Eiersahne ziehen und in den Semmelbröseln panieren. Schnitzel in die Pfanne geben und bei mittlerer Hitze von jeder Seite 3–5 Min. goldbraun braten, auf Küchenpapier abtropfen lassen.

5 KOHLRABISCHNITZEL

2 Kohlrabi / Salz / 1 TL Butter / 3 Eier / Pfeffer / 100 g Parmesan / 40 g Mehl / Pfeffer / 6 EL Rapsöl

Kohlrabi in ca. 1,5 cm dicke Scheiben schneiden und in kochendem Salzwasser mit Butter 8–10 Min. bissfest garen. Abschrecken und im Sieb gut abtropfen lassen. Eier in einem tiefen Teller verquirlen. Käse reiben und unterrühren. Salzen und pfeffern. Mehl in einen weiteren tiefen Teller geben.

Öl in einer großen beschichteten Pfanne erhitzen. Kohlrabi salzen und pfeffern, im Mehl wenden, durch die Eier-Käse-Sauce ziehen und sofort im heißen Öl anbraten. Auf Küchenpapier abtropfen lassen.

STEAKS

RUMPSTEAK MIT KRÄUTERBUTTER

4 Rumpsteaks (je ca. 200 g) / 1 Handvoll Kräuter (z. B. Schnittlauch, Petersilie, Kresse, Estragon) / ½ Bio-Zitrone / 250 g Butter / 1 TL Salz / 1 TL Blütenhonig / 2 Pr. Cayennepfeffer / Pfeffer / 4 EL Rapsöl / 1 Knoblauchzehe / 1 Zweig Rosmarin

Für die Butter Kräuter fein hacken. Schale von der Zitronenschale abreiben, Saft auspressen. Butter und Salz mit dem Handmixer aufschlagen. Kräuter, Zitronensaft und Abrieb zugeben und mit Honig und Pfeffer abschmecken. Die Butter in Klarsichtfolie zu einer Rolle formen und in den Kühlschrank legen.

Öl in einer großen Pfanne erhitzen. Knoblauchzehe andrücken und mit dem Rosmarinzweig hinein geben. Steaks salzen und im heißen Öl von jeder Seite 1–2 Min. scharf anbraten. In eine Auflaufform geben und im Ofen bei 180 °C (Ober-/Unterhitze) 10–12 Min. fertig garen. Gemahlenen Pfeffer darüber geben und mit der Kräuterbutter anrichten.

SALTIMBOCCA ALLA ROMANA

4 dünne Kalbschnitzel aus der Nuss (je ca. 150 g) / Salz / Pfeffer / 4 Scheiben Parmaschinken / 8 Salbeiblätter / 1 EL Mehl / 2 EL Butter / 2 EL Olivenöl / 200 ml Weißwein

Schnitzel mit Klarsichtfolie bedecken und flach klopfen, salzen und pfeffern und mit jeweils einer Scheibe Schinken belegen. Darauf je 2 Salbeiblätter legen. Alles mit einem Zahnstocher fixieren und Schnitzel auf der Unterseite mit Mehl bestäuben.

Butter und Öl in eine große beschichtete Pfanne geben, die Schnitzel von jeder Seite ca. 2 Min. braten und herausnehmen. Wein in die Pfanne gießen und den Bratensatz loskochen. Die Sauce mit der Saltimbocca anrichten.

LAMMLACHSE MIT PETERSILIEN-ZWIEBEL-SALAT

1 Bio-Zitrone / 2 rote Zwiebeln / 2 Bund glatte Petersilie / 8 EL Olivenöl / 2 EL Weißweinessig / Salz / 1 TL Baharat (alternativ Ras el-Hanout) / Pul Biber / 1 Knoblauchzehe / 1 Zweig Rosmarin / 4 Lammlachse (je ca. 150 g) / Pfeffer

Von der Zitrone 2 Scheiben abschneiden, Rest auspressen. Zwiebeln in feine Halbmond-Ringe schneiden und mit den Petersilienblättern in eine Schüssel geben. Mit 4 EL Öl, Zitronensaft und etwas Essig marinieren und mit Salz, Baharat und Pul Biber abschmecken.

4 EL Öl in einer großen Pfanne erhitzen. Knoblauch andrücken, und mit dem Rosmarinzweig und Zitronenscheiben hinzugeben. Lammlachse salzen und im heißen Öl von jeder Seite 1–2 Min. anbraten. In eine Auflaufform geben und im Ofen bei 180 °C (Ober-/Unterhitze) 10–12 Min. fertig garen. Fleisch schräg in Tranchen schneiden, Pfeffer darüber mahlen und auf dem Petersilien-Zwiebel-Salat anrichten.

MEIN ♥-REZEPT

PUTEN-SALTIMBOCCA MIT PEPERONATA

3 rote Zwiebeln / 2 rote Paprika / 2 gelbe Paprika / 1 Knoblauchzehe / 4 Zweige Thymian / 5 EL Olivenöl / 3 EL Weißweinessig / Salz / Pfeffer / 4 Putensteaks (je ca. 180 g) / 4 Scheiben Serrano-Schinken / 8 Salbeiblätter

Zwiebeln und Paprika in ca. 0,5 cm breite Spalten schneiden. Knoblauch hacken. Alles zusammen mit den Thymianblättern in einer Pfanne mit 2 EL Öl unter Rühren bei mittlerer Hitze garen, bis das Gemüse weich, aber nicht gebräunt ist. Mit Essig, Salz und Pfeffer abschmecken.

Putensteaks mit Klarsichtfolie bedecken, flach klopfen und mit Salz und Pfeffer würzen. Mit je 1 Scheibe Schinken und 2 Salbeiblättern belegen und mit Zahnstochern fixieren. Die Schnitzel in einer großen beschichteten Pfanne mit 3 EL Öl von jeder Seite ca. 2 Min. braten. Mit der Peperonata anrichten.

SCHWEINEMEDAILLONS MIT PFEFFERRAHM

600 g Schweinefilet / Salz / Pfeffer / 3 EL Olivenöl / 1 EL Butter / 2 Schalotten / 300 g Champignons / 1 EL Zucker / 100 ml Weißwein / 300 g Sahne / 2 TL grüner Pfeffer (Glas) / 4 Stiele glatte Petersilie

Schweinefilet in ca. 2 cm breite Medaillons schneiden, mit dem Handrücken etwas flach drücken und mit Salz und Pfeffer würzen. In einer großen beschichteten Pfanne mit 2 EL Öl bei hoher Hitze auf jeder Seite ca. 2 Min. anbraten. In eine Auflaufform geben und im Ofen bei 160 °C (Ober-/Unterhitze) 7–10 Min. fertig garen.

Butter und 1 EL Öl in die Pfanne geben. Schalotten fein würfeln und darin bei mittlerer Hitze glasig dünsten. Pilze halbieren und ca. 2 Min. unter Rühren anbraten. Mit Zucker karamellisieren und mit Wein ablöschen, Sahne zugießen und aufkochen. Grünen Pfeffer grob hacken, in die Sauce geben und mitbraten. Sauce mit Salz und Pfeffer würzen und mit Petersilienblättchen bestreuen. Medaillons mit dem Pilzrahm anrichten.

BRATEN

1 SCHWEINEBRATEN

1,5 kg Schweineschulter mit Schwarte / Salz / Pfeffer / 2 TL Kümmelsamen / 2 EL Rapsöl / 1 Zwiebel / 1 Bund Suppengemüse / 1 Flasche Bier / 1 TL Speisestärke

Fleischschwarte mit scharfem Messer einritzen. Das Fleisch rundum mit Salz, Pfeffer und Kümmel einreiben und in einem Bräter mit Öl von allen Seiten stark anbraten. 100 ml Wasser zugeben. Fleisch mit der Schwarte nach unten im Ofen bei 200 °C 15 Min. braten.

Zwiebel und Gemüse klein würfeln, um den Braten verteilen und 30 Min. rösten. Nach und nach das Bier übergießen, dabei den Bratensatz immer wieder vom Boden lösen. Das Fleisch 90 Min. weiterbraten.

Sud durch ein Sieb gießen und gut ausdrücken. Stärke mit etwas kaltem Wasser glatt rühren und damit die Sauce binden.

2 RINDERSCHMORBRATEN

1,2 kg Rinderbraten (z. B. aus Keule oder Schulter) / Salz / Pfeffer / 2 Zwiebeln / 1 Bund Suppengrün / 2 EL Tomatenmark / 1 TL Zucker / 150 ml Rotwein / ½ TL Koriandersamen / 2 Nelken / 2 zerdrückte Kardamonkapseln / 2 Pimentkörner / 1 Sternanis / ¼ Zimtstange / 2 EL Öl / 350 ml Gemüsebrühe (S. 38) / 2 EL dunkler Saucenbinder

Fleisch mit Salz und Pfeffer würzen, in einem Bräter von allen Seiten scharf anbraten und beiseitelegen. Zwiebeln und Suppengrün grob würfeln und 5 Min. im Bräter anbraten. Tomatenmark und Zucker kurz mitrösten, mit Rotwein ablöschen. Gewürze in einen Teebeutel oder ein Tee-Ei geben, hinzulegen und fast vollständig einkochen lassen.

Fleisch hineinlegen und 200 ml Gemüsebrühe dazu gießen. Zugedeckt im Ofen bei 150 °C auf der untersten Schiene 2 Std. garen. Nach der Hälfte der Garzeit Braten wenden und restliche Brühe zugeben. Saucenfond durch ein Sieb in einen Topf streichen und mit Saucenbinder aufkochen. Salzen und pfeffern.

3 MEDITERRANER HACKBRATEN

1 Brötchen vom Vortag / 125 ml Milch / 80 g durchwachsener Speck / 4 EL Öl / 3 Zwiebeln / 10 Zweige Thymian / 75 g grüne Oliven ohne Kern / 750 g gemischtes Hackfleisch / 2 Eier / 1 EL edelsüßes Paprikapulver / Salz / Pfeffer / 100 ml Gemüsebrühe (S. 38)

Brötchen klein würfeln, in eine flache Schale legen, mit Milch übergießen und quellen lassen. Speck fein würfeln, in einer Pfanne in 1 EL Öl kross ausbraten und beiseitelegen. 1 Zwiebel fein hacken und im Speckfett anbraten. Blättchen von 5 Zweigen Thymian kurz mitbraten, beides beiseitelegen.

Oliven halbieren. Restliche Zwiebeln in Ringe schneiden, mit 3 EL Öl mischen und in eine Auflaufform geben. Brötchen gut ausdrücken, mit Hackfleisch, Speck, Zwiebeln, Oliven, Eiern, Paprikapulver, Salz und Pfeffer verkneten und zu einem Laib von ca. 20 cm Länge formen.

In die Auflaufform legen und mit 5 Zweigen Thymian belegen. Im Ofen bei 180 °C auf der mittleren Schiene 40–45 Min. braten. Nach 20 Min. die Brühe darüber gießen.

4 TRUTHAHNBRATEN

2 Knoblauchzehen / 4 rote Zwiebeln / 2 Stangen Staudensellerie / 1 Zweig Salbei / 12 Scheiben Pancetta / 50 g Butter / 120 g getrocknete Aprikosen / 40 g Paniermehl / 1 Bio-Zitrone / 300 g Schweinehackfleisch / 1 Ei / 2 TL Muskat / Meersalz / Pfeffer / 1 Bio-Orange / 1 Truthahn (ca. 4 kg) / Olivenöl / 12 Zweige Rosmarin / 2 Möhren / 1 l Geflügelfond / 2 EL Mehl

Für die Füllung Knoblauch hacken, 1 Zwiebel würfeln, Sellerie klein schneiden. Alles mit den Salbeiblättern und 6 Scheiben Pancetta in einem Topf mit Butter bei mittlerer Hitze goldbraun braten. Aprikosen grob teilen und mit dem Paniermehl dazugeben. Zitronenschale darüber reiben. Alles mit Hackfleisch, Ei, Muskat, Salz und Pfeffer durchmischen und mit der ganzen Orange in den Bauch des Truthahns stecken.

Truthahn in einen großen Bräter legen, mit Olivenöl einreiben, salzen und pfeffern. Den restlichen Pancetta darauf legen, Rosmarinzweige in die Haut stecken. Die restlichen Zwiebeln halbieren, Möhren klein schneiden und beides im Bräter verteilen.

Truthahn mit Alufolie bedeckt im Ofen bei 180 °C braten. Die Garzeit berechnet sich nach dem Gewicht: mind. 20 Min. pro 500 g. Nach und nach mit Fond begießen. Saucenfond durch ein Sieb in einen Topf streichen und mit Mehl aufkochen. Salzen und pfeffern.

5 PULLED PORK

2 Knoblauchzehen / 100 g Rohrohrzucker / 2 EL edelsüßes Paprikapulver / 1 EL Salz / 2 TL Cayennepfeffer / 2 TL Kreuzkümmel / 1 TL Muskat / 1,5 kg Schweinenacken / 250 ml Apfelsaft / 150 ml Gemüsebrühe (S. 38)

Knoblauch klein hacken, mit Zucker und den anderen Gewürzen mischen und das Fleisch damit einreiben.

Apfelsaft und Brühe in eine Auflaufform gießen, den Braten hineinlegen und mit Alufolie bedeckt im Ofen bei 90 °C mind. 8 Std. garen. Dabei den Braten immer wieder mit dem Sud übergießen.

ROULADEN

1 RINDERROULADEN

2 Zwiebeln / 2 Gewürzgurken / 4 Rindsrouladen aus der Oberschale (à 200 g) / 1 EL edelsüßes Paprikapulver / Salz / Pfeffer / 3 EL Senf / 8 Scheiben Bacon / 1 Bund Suppengrün / 2 EL Butterschmalz / 1 EL Tomatenmark / 1 TL Zucker / 250 ml Rotwein / 2 Lorbeerblätter / 400 ml Rinderbrühe / 1 EL Speisestärke

Zwiebeln in halbe Ringe, Gurken in Längsstreifen schneiden. Die Rouladen zwischen Klarsichtfolie flach klopfen. Mit Paprikapulver, Salz und Pfeffer einreiben, mit Senf bestreichen und mit jeweils 2 Streifen Bacon, Zwiebeln und Gurken belegen. Rouladen eng einrollen, mit Rouladennadeln oder Küchengarn fixieren.

Das Suppengemüse in einem großen Bräter mit Schmalz kräftig anbraten. Tomatenmark unterrühren und mit Zucker karamellisieren. Mit Wein ablöschen und einköcheln lassen. Rouladen, Lorbeer und Brühe zugeben und zugedeckt 90 Min. schmoren.

Sauce durch ein Sieb geben, etwa 10 Min. einköcheln. Stärke mit Wasser glatt rühren, nach und nach unter Rühren in die Sauce geben, bis die gewünschte Konsistenz erreicht ist. Mit Senf, Salz und Pfeffer abschmecken.

2 KALBSROULADEN MIT PILZFÜLLUNG

3 Scheiben Toastbrot / 3 EL Butter / 2 Stangen Staudensellerie / 100 g Schalotten / 100 g durchwachsender Speck / 150 g Champignons / 1 kleiner Zweig Rosmarin / Salz / Pfeffer / 6 dünne Kalbsrouladen (à 120 g) / 400 ml Kalbsfond / 20 g getrocknete Steinpilze / 150 g Sahne / 1 EL Speisestärke

Toastbrot klein würfeln und in einer Pfanne mit 1 EL Butter goldgelb rösten, beiseitelegen. Sellerie, Schalotten und Speck fein würfeln. Pilze und Rosmarinnadeln fein hacken. Den Speck in einer Pfanne knusprig braten. Sellerie, Schalotten und 2 EL Butter dazugeben. Nach 3 Min. Pilze, Toast und Rosmarin dazugeben und weitere 3 Min. braten. Salzen und pfeffern.

Rouladen zwischen Klarsichtfolie flach klopfen, mit Salz und Pfeffer würzen. Die Rouladen mit dem Pilz-Gemüse-Ragout bestreichen, fest aufrollen und mit Rouladennadeln oder Küchengarn fxieren. Das Öl in einem Schmortopf erhitzen, die Rouladen darin scharf anbraten. Mit Kalbsfond ablöschen und zugedeckt bei mittlerer Hitze 45 Min. schmoren.

Steinpilze in heißem Wasser 30 Min. einweichen, mit Sud in den Topf füllen und 10 Min. mitkochen. Die Rouladen aus dem Fond nehmen, diesen mit Sahne aufkochen, mit angerührter Stärke binden. Mit Salz und Pfeffer würzen.

3 HÄHNCHEN-INVOLTINI

4 Hähnchenbrustfilets (à ca. 150 g) / Salz / Pfeffer / 4 Stiele Basilikum / 8 getrocknete, eingelegte Tomaten / ½ Büffelmozzarella (ca. 100 g) / 4 dünne Scheiben Parmaschinken / 2 EL Olivenöl

Die Filets flach klopfen, salzen, pfeffern und mit Basilikumblättern und Tomaten belegen. Mozzarella in 4 dicke, längliche Stücke schneiden und in die Mitte legen. Die Filets einrollen und mit je 1 Scheibe Parmaschinken umwickeln.

Die Hähnchen-Involtini in einer ofenfesten Pfanne mit Öl ca. 5 Min. anbraten und im Ofen bei 140 °C auf der mittleren Schiene ca. 15 Min. fertig garen.

4 KOHLROULADEN MIT HACK

1 Weißkohl / 1 kleiner Apfel / 1 Bund Petersilie / 1 EL Fenchelsaat / 3 Zwiebeln / 7 EL Öl / 400 g gemischtes Hackfleisch / 200 g Mett / 2 Eier / 4 EL Semmelbrösel / Salz / Pfeffer / 100 g Sahne / 200 ml Weißwein / 300 ml Gemüsebrühe (S. 38) / 4 Lorbeerblätter

12 Kohlblätter in kochendem Salzwasser 2–3 Min. blanchieren, kalt abschrecken und trocken tupfen. Apfel klein würfeln, Petersilie fein hacken, Fenchel im Mörser zerstoßen. Zwiebeln fein würfeln. ⅓ davon in 3 EL Öl glasig dünsten. Alles kurz mitdünsten. Mit Hackfleisch, Mett, Eiern, Semmelbröseln, Salz und Pfeffer verkneten und zu 6 Rollen formen. Diese auf je 2 Kohlblätter legen. Blattränder einschlagen, einrollen und mit Küchengarn umwickeln.

Rouladen in einem Bräter mit 4 EL Öl hellbraun braten, ⅔ der Zwiebeln zugeben, 1 Min. andünsten und mit Wein ablöschen. Brühe und Lorbeer zugeben, zugedeckt bei milder Hitze 45–50 Min. schmoren. Lorbeerblätter entfernen, Sahne hinzugeben und mit dem Stabmixer pürieren. Salz und pfeffern.

5 WIRSINGROULADEN MIT FORELLE

1 Wirsing / 4 Forellenfilets (à 120 g) / 40 g getrocknete Tomaten / 60 g schwarze Oliven ohne Stein / 1 Bund glatte Petersilie / ½ Bio-Zitrone / Salz / Pfeffer / 40 g Butterschmalz / 2 Zwiebeln / 200 ml Weißwein / 300 ml Gemüsebrühe (S. 38) / 150 g Sahne / 2 Pr. Muskat

8 große, hellgrüne Blätter vom Wirsing lösen, in kochendem Salzwasser 2–3 Min. blanchieren, abschrecken und trocken tupfen. Je 2 Wirsingblätter mit Forellenfilets belegen. Tomaten, Oliven und Petersilienblätter fein hacken. Zitronenschale abreiben. Alles mischen, salzen, pfeffern und auf die Forellen streuen. Kohlblätter einrollen und mit Küchengarn zubinden. Rouladen in einem Topf mit Schmalz bei milder Hitze 5 Min. anbraten, herausnehmen.

Zwiebeln würfeln und im Topf glasig dünsten. Restlichen Wirsing grob schneiden und 3 Min. mitdünsten. Mit Wein und Brühe ablöschen und zugedeckt bei milder Hitze 5 Min. köcheln lassen. Rouladen zugeben und weitere 10 Min. mitgaren, danach beiseitelegen. Sahne zur Sauce gießen, mit dem Stabmixer pürieren und mit Salz, Pfeffer und Muskat abschmecken.

MEIN ♥-REZEPT

GESCHNETZELTES

1 RINDERGESCHNETZELTES MIT PFIFFERLINGEN

2 Rumpsteaks (je 250 g) / 6 EL Olivenöl / Salz / Pfeffer / 2 Pastinaken / 2 Zwiebeln / 300 g Pfifferlinge / 1 EL Butter / 100 g gegarte Maronen / 100 ml Weißwein / 200 ml Rinderfond / 300 g Sahne / 1 EL Speisestärke / ½ Bund Schnittlauch

Fleisch in Streifen schneiden und in einer Pfanne mit 2 EL Öl kurz bei starker Hitze anbraten, dabei salzen und pfeffern, beiseitelegen. Pastinaken in dünne Scheiben schneiden und in der Pfanne mit 2 EL Öl 3 Min. braten. Zwiebeln in feine Streifen schneiden, hinzugeben und 4–5 Min. mitbraten und aus der Pfanne nehmen.

Pilze mit 2 EL Öl und Butter in der Pfanne 1 Min. anbraten. Maronen grob zerbröseln und mit dem Gemüse unterrühren. Mit Wein ablöschen und fast vollständig einkochen lassen. Fond und Sahne zugießen und 3–5 Min. köcheln lassen. Mit angerührter Stärke binden, Fleisch untermischen. Schnittlauch in feine Röllchen schneiden und das Geschnetzelte damit bestreuen. Salzen und pfeffern.

2 EXOTISCHES PUTENGESCHNETZELTES

½ Bio-Zitrone / 600 g Putenbrustfilet / Salz / ½ TL Chiliflocken / 1 EL Honig / 4 EL Sonnenblumenöl / 2 Stangen Staudensellerie / 4 Frühlingszwiebeln / 6 Aprikosen / 400 ml Kokosmilch / 30 g Mandelstifte / 1 EL süß-saure Chilisauce / Pul Biber

Zitronenschale abreiben, Saft auspressen. Putenbrust mit dem Abrieb, Salz, Chiliflocken, Honig und 2 EL Öl marinieren. In dünne Streifen schneiden und in einer Pfanne bei starker Hitze braun anbraten, beiseitelegen.

Sellerie in feine Stücke, Zwiebeln in dünne Ringe schneiden. Beides in der Pfanne mit 2 EL Öl 2–3 Min. anbraten. Aprikosen klein schneiden und kurz mitbraten. Fleisch zugeben, durchschwenken, mit Kokosmilch ablöschen und 3–5 Min. einköcheln lassen.

Mandelstifte in einer beschichteten Pfanne anrösten. Geschnetzeltes mit Zitronensaft, Chilisauce, Salz und Pul Biber abschmecken, mit Mandelstiften bestreuen.

3 GESCHNETZELTES ZÜRICHER ART

750 g Kalbfilet / 2 EL Öl / 1 Zwiebel / 50 g Butter / 1 EL Mehl / 125 ml Weißwein / 250 ml Kalbsfond / 250 g Sahne / Salz / schwarzer Pfeffer / ½ Bio-Zitrone / ½ Bund glatte Petersilie

Kalbsfleisch in dünne Streifen schneiden und in einer Pfanne mit Öl bei starker Hitze kurz anbraten, Fleisch und Saft beiseitelegen.

Zwiebel fein würfeln und mit der Butter in der Pfanne glasig andünsten. Mehl unterrühren, mit Wein ablöschen und einkochen lassen. Fond, Bratensaft und Sahne dazugießen und 3–5 Min. köcheln lassen. Fleisch 3 Min. in der Sauce ziehen lassen. Salzen und pfeffern. Zitronenschale abreiben, Petersilienblätter hacken, beides unter die Sauce rühren.

4 ASIATISCHES SCHWEINEGESCHNETZELTES

600 g Schweinefilet / Salz / 1 TL edelsüßes Paprikapulver / 3 EL Sesamöl / 1 rote Paprika / 1 rote Chilischote / 20 g Ingwer / 2 Knoblauchzehen / 125 g Zuckerschoten / 4 Frühlingszwiebeln / 1 TL Rohrohrzucker / 2 EL Sherry / 200 ml Gemüsebrühe (S. 38) / ½ Bio-Limette / 3 EL Sojasauce / ½ Bund Koriander

Schweinefilet in dünne Streifen schneiden, mit Salz und Paprikapulver würzen und in einer Pfanne mit 2 EL Öl scharf anbraten, beiseitelegen. Paprika und Chilischote in feine Streifen schneiden, Ingwer und Knoblauch fein hacken.

Alles 2 Min. in der Pfanne mit 1 EL Öl anbraten. Zuckerschoten schräg halbieren, Zwiebeln in feine Ringe schneiden. Beides hinzugeben und weitere 2 Min. anbraten. Mit Zucker karamellisieren, mit Sherry und Brühe ablöschen und weitere 2–3 Min. einköcheln lassen. Fleisch zugeben, 2 Min. fertig garen.

Limettenschale abreiben, Saft auspressen. Geschnetzeltes mit Sojasauce, Limettensaft und Abrieb abschmecken. Korianderblätter hacken und darüber streuen.

5 MEDITERRANES KALBSGESCHNETZELTES

60 g Sultaninen / 750 g Kalbsfilet / Salz / Pfeffer / 2 EL Speisestärke / 4 EL Olivenöl / 2 rote Zwiebeln / 3 Strauchtomaten / 3 Knoblauchzehen / 6 Zweige Thymian / 1 TL Rohrohrzucker / 50 ml Marsala / 200 ml Tomatensaft / 250 ml Hühnerbrühe (S. 42) / 80 g grüne Oliven ohne Stein / 2 EL Kapern

Sultaninen in etwas Wasser einweichen. Kalbsfilet in feine Streifen schneiden, salzen, pfeffern und in Speisestärke wälzen. In einer Pfanne mit Öl stark anbraten, herausnehmen.

Zwiebeln in dünne Scheiben schneiden und in einer Pfanne bei mittlerer Hitze 2–3 Min. andünsten. Tomaten in Spalten schneiden, Knoblauch hacken. Beides mit Thymianblättern hinzugeben und kurz mitbraten. Mit Zucker karamellisieren und mit Marsala ablöschen. Tomatensaft und Brühe dazugießen und 3–5 Min. einköcheln lassen.

Sultaninen abgießen und mit Fleisch, Oliven und Kapern zum Geschnetzelten geben. Mit Salz und Pfeffer würzen.

MEIN ♥-REZEPT

GULASCH

UNGARISCHES GULASCH

1 Gemüsezwiebel / 3 Knoblauchzehen / 50 g Butterschmalz / 3 TL edelsüßes Paprikapulver / 2 TL Pimentón picante / 1 kg Rindfleisch aus der Keule / 5 EL Tomatenmark / Salz / 1 TL Kümmel / 200 ml Rotwein / 3 rote Paprika / 1 Pr. Zucker

Zwiebel und Knoblauch hacken und in einem breiten Topf mit Schmalz glasig dünsten. Paprikapulver unterrühren. Fleisch in 2 cm große Würfel schneiden und portionsweise bei mittlerer Hitze unter Rühren 5 Min. braten. Mit Tomatenmark, Salz und Kümmel würzen, mit Rotwein und 250 ml Wasser ablöschen und bei milder Hitze 2–2,5 Std. schmoren.

Paprika klein schneiden und 30 Min. vor Ende der Garzeit in das Gulasch geben, fertig schmoren. Mit Salz und Zucker abschmecken.

PROVENZALISCHES RINDERRAGOUT

1,5 kg Rindfleisch aus der Schulter / Salz / 7 EL Rapsöl / 1 Gemüsezwiebel / 1 Bund Suppengrün / 750 ml Rotwein / 1 Bio-Orange / 500 ml Rinderbrühe (S. 45) / 1 Knoblauchzehe / 4 Zweige Thymian / 4 Stiele Petersilie / 2 Lorbeerblätter / 3 getrocknete Tomaten / Pfeffer / 1 EL Orangenmarmelade / 2 TL Stärke

Fleisch in 2 cm große Stücke schneiden, salzen und portionsweise in einem Schmortopf mit 4 EL Öl kräftig anbraten, dann beiseitelegen.

Zwiebel und Suppengrün würfeln und mit 3 EL Öl in dem Topf anbraten, mit Wein ablöschen. 2 Streifen Schale von der Orange abschälen, Saft auspressen. Knoblauch vierteln. Das Fleisch und alle weiteren Zutaten bis auf die Marmelade und Stärke in den Topf geben und abgedeckt mind. 2 Std. marinieren.

Topf mit leicht geöffnetem Deckel im Ofen bei 150 °C ca. 2 Std. schmoren. Fleisch herausnehmen. Rest durch ein Sieb in einen anderen Topf gießen, auf 500 ml einkochen und mit Salz, Pfeffer und Marmelade abschmecken. Stärke mit kaltem Wasser glatt rühren und die Sauce damit binden.

MEIN ♥-REZEPT

SZEGEDINER SCHWEINE-GULASCH

1 kg Schweineschulter / 1 rote Paprika / 1 gelbe Paprika / 1 Gemüsezwiebel / 1 Dose Sauerkraut (570 g) / 1 TL edelsüßes Paprikapulver / 1 TL scharfes Paprikapulver / 1 TL gemahlener Kümmel / 2 TL Oregano / 150 g Sahne / 250 ml Gemüsebrühe (S. 38) / 2 TL Tomatenmark / Salz / Pfeffer / 4 Stiele glatte Petersilie / 200 g saure Sahne

Fleisch und Paprika in mundgerechte Stücke schneiden. Zwiebel hacken. Alles mit dem Sauerkraut und den Gewürzen in einen Bräter geben und mischen.

Sahne, Brühe und Tomatenmark aufkochen. Mit Salz und Pfeffer würzen und über die Gulaschmischung gießen. Zugedeckt im Ofen bei 170 °C 2 Std. garen. Dabei gelegentlich umrühren, die letzten 30 Min. offen garen. Petersilienblättchen hacken und unter das fertige Gulasch mischen. Mit saurer Sahne anrichten.

LAMMGULASCH MIT KÜRBIS

1 kg Lammfleisch aus der Keule / 6 EL apsöl / 2 Gemüsezwiebeln / 2 Knoblauchzehen / 1 EL Tomatenmark / 60 g Rosinen / 1 Zimtstange / 400 ml Gemüsebrühe (S. 38) / 2 Dosen stückige Tomaten (je 400 g) / 2 Lorbeerblätter / ½ kleiner Hokkaido / Salz / Pfeffer / Pul Biber / 75 g blanchierte Mandeln / 3 Stiele Minze / 6 EL Joghurt

Fleisch in 2 cm große Stücke schneiden und in einem Bräter mit Öl bei starker Hitze 5–7 Min. anbraten. Zwiebeln und Knoblauch kleinhacken und 2 Min. mitbraten. Tomatenmark, Rosinen und die Zimtstange einrühren. Die Brühe mit Tomaten, Lorbeer hinzugießen und alles zugedeckt bei milder Hitze 1,5 Std. garen.

Kürbis in ca. 1,5 cm große Würfel schneiden und 20 Min. vor Ende der Garzeit zum Gulasch geben. Zimtstange und Lorbeerblätter entfernen und das Gulasch mit Salz, Pfeffer und Pul Biber würzen.

Mandeln grob hacken und in einer Pfanne rösten. Minzblättchen zerrupfen, in den Joghurt rühren und mit den Mandeln zum Gulasch geben.

GEMÜSEGULASCH

1 Gemüsezwiebel / 4 EL Olivenöl / 3 Möhren / 2 Pastinaken / 2 Lorbeerblätter / 1 Knoblauchzehe / 2 EL Tomatenmark / 1 Paprika / ½ Blumenkohl / 6 Tomaten / 1 Dose Weiße Riesenbohnen (250 g) / Salz / 1 TL Pimentón picante / 5 Stiele glatte Petersilie

Zwiebel hacken und in einem großen ofenfesten Topf mit Öl 3 Min. glasig dünsten. Möhren und Pastinaken in 1 cm große Würfel schneiden und unter Rühren 3 Min. mitdünsten. Knoblauchzehe andrücken mit Lorbeer, Tomatenmark und 500 ml Wasser in den Topf geben. Zugedeckt bei mittlerer Hitze 30 Min. köcheln lassen.

Paprika und Blumenkohl würfeln, Tomate klein schneiden. Alles zusammen mit den Bohnen unter das Gulasch mischen und mit Salz und Pfeffer würzen. Zugedeckt im Ofen bei 160 °C 30 Min. schmoren. Lorbeerblatt entnehmen. Petersilienblättchen fein hacken und unter das fertige Gulasch mischen.

CURRY

1 HÄHNCHEN-CURRY

½ Zitrone / 4 Knoblauchzehen / 30 g Ingwer / 1 EL Öl / 2 TL Salz / 1 EL Kreuzkümmel / 2 EL Garam Masala / 1 EL Paprikapulver / 2 TL Koriander / 200 g Naturjoghurt / 750 g Hähnchenbrustfilets / 2 Schalotten / 2 EL Butterschmalz / 40 g Cashewnüsse / 1 Dose stückige Tomaten (425 g) / 1 TL Kurkuma / 100 mg Crème double

Saft aus Zitrone pressen, Knoblauch und Ingwer hacken. Alles mit Öl, 1 TL Salz, Kreuzkümmel, Garam Masala, Paprikapulver, Koriander und Joghurt verrühren. Fleisch klein schneiden, unter die Marinade mischen und mind. 2 Std. abgedeckt im Kühlschrank ziehen lassen.

Schalotten würfeln, in einer großen Pfanne mit Schmalz anschwitzen. Cashewnüsse kurz anrösten. Fleisch mit Marinade dazugeben und bei mittlerer Hitze ca. 15 Min. garen.

In einem großen Topf Tomaten erhitzen, mit Kurkuma und 1 TL Salz würzen und 20 Min. bei mittlerer Hitze köcheln lassen. Mit dem Stabmixer pürieren, Fleisch mit der Marinade und Crème double unterrühren und 5 Min. fertig garen.

MEIN ♥-REZEPT

2 SCHWEINE-CURRY

1 Bio-Limette / 3 EL Sojasauce / 1 EL brauner Zucker / 600 g Schweinefilet / 3 TL gelbe Thai-Currypaste / 1 Dose Kokosmilch (400 ml) / 3 Frühlingszwiebeln / 30 g Ingwer / 1 EL Koriander / 1 Mango / 400 g Prinzessbohnen / Salz

Schale der Limette abreiben und Saft auspressen. Beides mit Sojasauce und Zucker verrühren. Fleisch in schmale Streifen schneiden und mit der Marinade mind. 2 Std. im Kühlschrank ziehen lassen.

Currypaste mit etwas Kokosmilch in einem Topf kurz anbraten. Zwiebeln in Ringe schneiden, Ingwer fein hacken. Beides mit Koriander und dem Fleisch hinzugeben und unter Wenden 5 Min. garen. Mit der restlichen Kokosmilch ablöschen und bei mittlerer Hitze 20 Min. köcheln lassen. Mango würfeln, Bohnen in kochendem Salzwasser 12 Min. garen. Beides zum Curry geben und mit Salz abschmecken.

3 RINDFLEISCH-CURRY

3 Zwiebeln / 15 g Galgantwurzel / 2 Stiele Zitronengras / 4 EL Öl / 3 Kaffirlimettenblätter / 1 EL gelbe Currypaste / 1 TL Kurkuma / 750 g Rindernacken / 1 Dose Kokosmilch (400 ml) / 400 g Hokkaido / 1 Limette / 3 EL Fischsauce / 1 EL Palmzucker / 40 g Erdnüsse / 6 Stiele Koriander / 100 g Sojasprossen

Zwiebeln fein würfeln, Galgant in Scheiben schneiden. Das weiße Innere des Zitronengrases in 4 cm lange Stücke schneiden. Alles mit 2 EL Öl und Kaffirlimettenblätter in einem Topf unter Rühren 3 Min. anbraten. Currypaste und Kurkuma hinzufügen und kurz mitdünsten.

Fleisch in einer Pfanne mit 2 EL Öl anbraten und mit der Kokosmilch in den Topf geben, zugedeckt bei mittlerer Hitze 50 Min. köcheln lassen.

Kürbis in 1 cm breite Spalten schneiden und 20 Min. vor Ende der Garzeit zum Curry geben. Limette über dem Curry auspressen, Fischsauce und Palmzucker unterrühren. Erdnüsse in einer Pfanne rösten und mit den Korianderblättern und Sojasprossen über das Curry streuen.

4 GARNELEN-CURRY

1 mittelgroßer Butternusskürbis / 2 EL Currypulver / 4 EL Öl / 4 Schalotten / 1 Dose Kokosmilch (400 ml) / Salz / Pfeffer / 500 g geschälte Garnelen / 300 g Zuckerschoten / 1 EL Fischsauce / 1 Limette / 8 Stiele glatte Petersilie

Kürbis in mundgerechte Stücke schneiden, auf ein Backblech legen, Currypulver und 2 EL Öl darüber geben und im Ofen bei 200 °C 20 Min. rösten.

Schalotten in feine Halbringe schneiden und in einem großen Topf mit 2 EL Öl bei mittlerer Hitze 3 Min. dünsten. Mit Kokosmilch ablöschen. Kürbisstücke hinzufügen und mit Salz und Pfeffer würzen. Zugedeckt bei mittlerer Hitze 10 Min. garen. Garnelen, Zuckerschoten und Fischsauce untermischen und 3 Min. fertig garen.

Limette auspressen. Das Curry mit Petersilienblättern bestreuen und mit Salz, Pfeffer und Limettensaft abschmecken.

5 SÜSSKARTOFFEL-CURRY

1 rote Zwiebel / 2 EL Olivenöl / 2 Süßkartoffeln / 1 rote Paprika / 1 EL Tomatenmark / 1 EL Currypulver / Salz / Pfeffer / Chiliflocken / 1 Dose Kokosmilch (400 ml) / 8 Kirschtomaten / 80 g Zuckerschoten / 1 Limette / 8 Stiele Basilikum

Zwiebel fein würfeln und mit Öl in einer großen Pfanne bei mittlerer Hitze 2 Min. dünsten. Kartoffeln und Paprika in mundgerechte Stücke schneiden, Tomatenmark und Currypulver hinzufügen und 4 Min. unter Wenden anbraten. Mit Salz, Pfeffer und Chiliflocken würzen.

Mit der Kokosmilch ablöschen und bei mittlerer Hitze 10–15 Min. köcheln lassen. Tomaten halbieren und mit den Zuckerschoten in die Pfanne geben. Alles umrühren. Limette auspressen. Curry mit Basilikumblättern bestreuen und mit Limettensaft abschmecken.

PAELLA

PAELLA MIT VENUSMUSCHELN UND HÄHNCHENSCHENKELN

8 Hähnchenschenkel / 1 TL edelsüßes Paprikapulver / Salz / Pfeffer / 8 EL Olivenöl / 1 Zwiebel / 2 Knoblauchzehen / 250 g Paellareis / 1 Zimtstange / 1 getrocknete Chilischote / ½ TL Pimentón picante / 80 ml Weißwein / 1 l Hühnerbrühe (S. 42) / 1 Döschen Safranfäden (0,1 g) / 500 g Venusmuscheln / 150 g TK-Erbsen / 4 Stiele Petersilie / 1 Zitrone

Hähnchenschenkel mit Paprikapulver, Salz und Pfeffer einreiben. In einer großen Pfanne mit 4 EL Öl bei mittlerer Hitze 8–10 Min. goldbraun braten und beiseitelegen.

Zwiebel und Knoblauch fein würfeln und in der Pfanne mit 4 EL Öl glasig dünsten. Reis und die Zimtstange zugeben und mitdünsten. Chilischote hacken und mit Pimentón hinzugeben. Mit Wein ablöschen und fast vollständig einkochen. Brühe mit Safran zum Reis gießen, die Hähnchenkeulen zugeben und bei mittlerer Hitze 10 Min. garen.

Muscheln unter fließend kaltem Wasser waschen, geöffnete aussortieren und mit den Erbsen in die Pfanne geben. Zugedeckt 10–15 Min. fertig garen. Geschlossene Muscheln aussortieren. Paella mit Salz und Pfeffer würzen. Petersilienblätter hacken und darüber streuen. Die Zitrone darüber auspressen.

PAELLA MIT HUHN UND GARNELEN

2 Zweige Rosmarin / 2 Hähnchenbrustfilets (je 200 g) / 1 TL edelsüßes Paprikapulver / Salz / Pfeffer / 4 EL Olivenöl / 3 Tomaten / 1 rote Paprika / 4 Knoblauchzehen / 1 Döschen Safranfäden (0,1 g) / 1 l Hühnerbrühe (S. 42) / 250 g Paellareis / 200 g geschälte TK-Garnelen / 150 g TK-Erbsen / 4 Stiele Petersilie / 1 Zitrone

Rosmarin hacken. Hähnchen in ca. 2 cm große Stücke schneiden und mit Paprikapulver, Salz, Pfeffer und etwas Rosmarin würzen. In einer großen Pfanne mit Öl scharf anbraten und beiseitelegen. Tomaten und Paprika in mundgerechte Stücke schneiden, Knoblauch hacken. Alles im Bratfett anbraten.

Safran in einer Schale mit 5 El heißem Wasser auflösen und mit der Brühe in die Pfanne gießen. Reis gleichmäßig darin verteilen und bei starker Hitze 12 Min. ohne Umrühren offen kochen lassen. Hähnchen, Garnelen und Erbsen unterrühren, bei milder Hitze 8 Min. köcheln lassen. Paella salzen und pfeffern. Petersilienblätter hacken und darüber streuen. Zitrone darüber auspressen.

MEIN ♥-REZEPT

GEMÜSEPAELLA

1 Knoblauchzehe / 1 rote Zwiebel / 1 rote Pfefferschote / 4 EL Olivenöl / 250 g Paellareis / 1 TL Kreuzkümmel / 1 TL Koriander / 1 Döschen Safranfäden (0,1 g) / 600 ml Gemüsebrühe (S. 38) / 1 Fenchelknolle mit Grün / 1 gelbe Paprika / 1 Dose Weiße Bohnen (500 g) / 40 g schwarze kernlose Oliven / Salz / Pfeffer / 100 g Mini-Flaschentomaten / 2 Stiele glatte Petersilie

Knoblauch in dünne Scheiben, Zwiebel in ca. 2 cm breite Spalten und Pfefferschote in dünne Ringe schneiden. Alles in einer großen Pfanne mit Öl bei mittlerer Hitze 2–3 Min. dünsten. Reis mit Kreuzkümmel und Koriander kurz mitrösten. Safran in einer Schale mit 5 El heißem Wasser auflösen und mit der Brühe in die Pfanne gießen. Fenchel in ca. 1 cm dicke Scheiben, Paprika in Spalten schneiden und zugeben. Die Paella 5 Min. köcheln lassen.

Bohnen und Oliven unterheben, mit Salz und Pfeffer würzen. Tomaten längs halbieren und auf die Paella legen, im Ofen bei 180 °C 15–20 Min. fertig garen. Petersilienblätter und Fenchelgrün fein hacken und die Gemüsepaella damit bestreuen.

NUDELPAELLA MIT CHORIZO

300 g Chorizo picante / 4 EL Olivenöl / 2 Knoblauchzehen / 400 g Risoni-Nudeln / 2 Lorbeerblätter / 1 Zwiebel / 1 Fenchelknolle / 300 g Kirschtomaten / 1 EL Zucker / 80 ml Weißwein / 1 l Hühnerbrühe (S. 42) / 2 Zweige Thymian / Salz / Pfeffer / 6 Stiele Petersilie / ½ Zitrone

Chorizo in dünne Scheiben schneiden. In einer großen Pfanne mit 1 EL Olivenöl bei mittlerer Hitze knusprig braten und beiseitelegen.

Knoblauch hacken und mit Nudeln und Lorbeer in der Pfanne mit 3 EL Öl unter Rühren ca. 5 Min. rösten. Zwiebel würfeln, Fenchel in Spalten schneiden und 3 Min. mitdünsten. Tomaten halbieren und mit der Chorizo zugeben, alles durchschwenken und mit Zucker karamellisieren. Mit Weißwein ablöschen und fast vollständig einkochen lassen.

Brühe und Thymianzweige zugeben und mit Salz und Pfeffer würzen. Unter Rühren ca. 20 Min. garen, Lorbeer und Thymian entfernen. Petersilienblätter fein hacken und darüber streuen. Die Zitrone darüber auspressen.

PAELLA MIT MEERESFRÜCHTEN

3 Zwiebeln / 2 Knoblauchzehen / 4 EL Olivenöl / 4 Stangen Staudensellerie / 180 g Paellareis / 1 TL Tomatenmark / 1 EL Butter / 4 EL Sherry / 200 ml Weißwein / 1 l Hühnerbrühe (S. 42) / 2 Tomaten / 4 EL Pistazien / 2 Lorbeerblätter / Salz / Pfeffer / 1 Pr. Zucker / 300 g Calamari-Tuben / 500 g geschälte TK-Garnelen / 6 Stiele Petersilie / 1 Zitrone

Zwiebeln und Knoblauch fein würfeln und in einer großen ofenfesten Pfanne mit Öl glasig dünsten. Sellerie klein schneiden und mit dem Reis unter Rühren ca. 5 Min. anbraten. Tomatenmark und Butter unterrühren und anrösten. Mit Sherry und Weißwein ablöschen und mit der Brühe auffüllen. Tomaten klein schneiden, Pistazien grob hacken. Beides mit dem Lorbeer untermischen und mit Salz, Pfeffer und Zucker würzen.

Die Paella im Ofen bei 180 °C 20 Min. garen. Calamari in dünne Ringe schneiden und mit den Garnelen 5 Min. vor Ende der Garzeit untermischen. Lorbeer entfernen. Petersilienblätter hacken und darüber streuen. Zitrone darüber auspressen.

GEDÜNSTETER FISCH

LACHS IM TOMATEN-DILL-PÄCKCHEN

1 Bio-Zitrone / 4 Lachsfilets (je 160 g) / Salz / Pfeffer / 3 EL Olivenöl / 12 Kirschtomaten / 2 Schalotten / 3 Stiele Dill / 1 Ei

Zitronenschale abreiben, Zitrone in Scheiben schneiden. Lachsfilets mit Salz, Pfeffer und Zitronenabrieb würzen. 4 Bögen Backpapier groß zuschneiden, mit 1 EL Öl bestreichen und je 1 Lachsfilet darauf legen. Tomaten halbieren, Schalotten in schräge Ringe schneiden und beides rundum verteilen.

Lachs mit je 2 Zitronenscheiben und Dillblättern belegen und mit 2 EL Öl beträufeln. Ei trennen. Papier über dem Fisch zusammenfalten, Enden mit Eiweiß bestreichen und mit Küchengarn zubinden. Päckchen im Ofen bei 180 °C 10–15 Min. garen.

ROTBARSCH IM GEMÜSENEST

3 Möhren / 1 Kohlrabi / 3 EL Olivenöl / 6 Frühlingszwiebeln / 1 Pr. Zucker / 2 EL Wermut / Salz / Pfeffer / 4 Stiele Petersilie / 8 Rotbarschfilets (je ca. 100 g) / ½ Zitrone / 1 Ei / 1 EL Butter

Möhren in dünne Scheiben, Kohlrabi in feine Stifte schneiden, beides in einer Pfanne mit Öl 2–3 Min. anbraten. Frühlingszwiebeln in 3 cm lange Stücke schneiden und 3 Min. in der Pfanne mitdünsten. Mit Zucker karamellisieren, mit Wermut ablöschen, salzen und pfeffern. Petersilienblättchen hacken und unter das Gemüse mischen.

Rotbarsch salzen und pfeffern. Die Zitrone darüber auspressen, das Ei trennen. 4 Bögen Backpapier groß zuschneiden, das Gemüse mittig darauf verteilen und mit jeweils 2 Fischfilets und Butterflöckchen belegen. Papier über dem Fisch zusammenfalten, Enden mit Eiweiß bestreichen und mit Küchengarn zubinden. Päckchen im Ofen bei 180 °C 10–12 Min. garen.

MEIN ♥-REZEPT

ZANDER IM ZITRONENRAHM

2 Bio-Zitronen / 2 Schalotten / 1 Knoblauchzehe / 2 EL Olivenöl / 2 EL Weißwein / 300 g Sahne / 300 g Crème fraîche / 1 EL Tafel-Meerrettich / Salz / Pfeffer / 4 Zanderfilets (je ca. 180 g) / 6 Frühlingszwiebeln

Für den Zitronenrahm Schale einer Zitrone abreiben, Saft auspressen. Schalotten und Knoblauch hacken, in einer Pfanne mit 1 EL Öl 2–3 Min. andünsten, mit Weißwein ablöschen. Sahne, Crème fraîche und Meerrettich unterrühren und kurz aufkochen. Mit Salz, Pfeffer, Zitronensaft und Abrieb abschmecken.

Zanderfilets salzen, pfeffern und in eine Auflaufform mit 1 EL Öl legen. Frühlingszwiebeln in schräge Ringe schneiden und andere Zitrone in Scheiben schneiden. Beides auf dem Zander verteilen und mit Zitronenrahm übergießen. Im Ofen bei 180 °C ca. 10 Min. offen, dann 10 Min. mit Alufolie abgedeckt garen.

KABELJAU IN SENF-DILL-SAUCE

½ Zitrone / 4 Kabeljaufilets (je ca. 200 g) / Salz / Pfeffer / 2 Schalotten / 20 g Butter / 1 Pr. Zucker / 50 ml Weißwein / 200 ml Gemüsebrühe (S. 38) / 200 g Sahne / 2 EL Kapern aus dem Glas / 6 Stiele Dill / 2 EL Dijon-Senf

Saft aus der Zitrone pressen und die Fischfilets damit marinieren. Salzen und pfeffern. Schalotten fein würfeln und in einem großen Topf mit Butter glasig dünsten, mit Zucker karamellisieren und mit Wein ablöschen. Brühe, Sahne und 2 EL Kapernsud zufügen. Kabeljau mit den Kapern in den Topf geben und zugedeckt 6–8 Min. bei schwacher Hitze gar ziehen lassen.

Fisch mit einer Schaumkelle herausnehmen. Die Sauce 5 Min. offen köcheln lassen. Dillblätter hacken und mit dem Senf in die Sauce rühren.

TROTA EN SAÔR

6 Rosinen / 100 ml Weißwein / 1 Schalotte / 60 ml Weißweinessig / 70 ml Olivenöl / 1 Nelke / 2 Lorbeerblätter / 6 Pfefferkörner / 1 Orange / 1 Möhre / ½ Stange Staudensellerie / 2 Forellenfilets mit Haut (je ca. 300 g) / 12 geröstete Pinienkerne / Salz / Pfeffer / 2 EL Pinienkerne

Für die Marinade Rosinen in 3 EL Wein einweichen. Schalotte fein würfeln und mit Wein, Essig, 50 ml Öl, Nelke, Lorbeer und Pfefferkörnern bei mittlerer Hitze auf ein Viertel reduzieren. Orange darüber auspressen. Möhre und Sellerie in dünne Scheiben schneiden und 5 Min. vor Ende der Kochzeit mit den Rosinen hinzugeben.

Fischfilets salzen, pfeffern und in einer Pfanne mit 20 ml Öl auf der Hautseite ca. 2 Min. anbraten. Herausnehmen, Haut abziehen. Die Filets jeweils schräg in 3 Stücke schneiden, in einer Form mit der Marinade begießen. Mind. 5 Std. in den Kühlschrank legen. Pinienkerne in einer Pfanne rösten und über die Fischfilets streuen.

GEBRATENER FISCH

LACHS MIT ZITRONENBUTTER

½ Vanilleschote / ½ Zitrone / 3 EL Butter / 4 Lachsfilets mit Haut (je ca. 160 g) / Salz / Pfeffer

Mark aus der Vanilleschote kratzen, Zitrone auspressen und beides mit der Butter in einer großen Pfanne anbraten, dabei schwenken. Lachsfilets salzen. Mit der Hautseite nach unten in die Pfanne legen und 4–5 Min. braten, bis die Hautseite knusprig ist. Lachs umdrehen und 2–3 Min. fertig braten. Zitronenbutter über den Fisch löffeln, mit Salz und Pfeffer würzen.

ZANDER IM SPECKMANTEL AUF BALSAMICO-LINSEN

150 g Berglinsen (oder Tellerlinsen) / 2 EL Aceto Balsamico / 4 EL Olivenöl / 500 g Wurzelgemüse (z. B. Möhren, Sellerie, Petersilienwurzel) / 2 Schalotten / ½ Orange / Salz / Pfeffer / 4 Zanderfilets (je ca. 150 g) / 4 Scheiben durchwachsener Speck

Linsen in heißem Wasser nach Packungsangabe bissfest garen und in eine Schüssel geben. Essig und 2 EL Öl hinzugießen, umrühren und ziehen lassen.

Wurzelgemüse und Schalotten klein würfeln und in einem breiten Topf mit 2 EL Öl bei mittlerer Hitze anbraten. Orange darüber auspressen. Bei schwacher Hitze 5–7 Min. zugedeckt garen. Linsen zugeben, untermischen und mit Salz und Pfeffer abschmecken.

Zanderfilets mit Pfeffer würzen und mit je 1 Scheibe Speck umwickeln. Filets in einer beschichteten Pfanne 3 Min. braten, wenden und weitere 3 Min. fertig braten. Zander auf den Linsen anrichten.

MEIN ♥-REZEPT

ROTBARSCH MIT REMOULADE

1 Zitrone / 4 Rotbarschfilets (je ca. 160 g) / 2 Eier / 4 EL Mehl / 4 EL Semmelbrösel / Salz / Pfeffer / 3 EL Butterschmalz / 8 EL Remoulade (S. 146)

Zitrone in eine Schale auspressen. Die Fischfilets in dem Saft wenden und mind. 15 Min. marinieren. Eier in eine flache Schale aufschlagen und mit einer Gabel verquirlen. Mehl und Semmelbrösel in weitere Schalen geben.

Fisch salzen und pfeffern, im Mehl wenden, durch das Ei ziehen und in den Semmelbröseln panieren. Butterschmalz in einer großen Pfanne erhitzen, Filets von jeder Seite 4–5 Min. braten. Mit der Remoulade sofort servieren.

GARNELEN MIT AIOLI

20 TK-Riesengarnelen / 1 Zitrone / 1 Chilischote / 2 Knoblauchzehen / 4 EL Olivenöl / Fleur de Sel / 8 EL Aioli (S. 146)

Garnelen auftauen. Zitrone auspressen. Chilischote und Knoblauch in feine Scheiben schneiden und in einer großen beschichteten Pfanne mit Öl erhitzen. Garnelen darin ca. 4 Min. scharf anbraten, salzen und mit Zitronensaft ablöschen. Garnelen mit Aioli anrichten.

SAIBLING MIT SPECK-SCHALOTTEN

2 Schalotten / 30 g durchwachsener Speck / 4 Salbeiblätter / 2 EL Butter / 3 Bachsaiblingsfilets mit Haut (je ca. 200 g) / Salz / 2 EL Olivenöl / 1 Zitrone / Pfeffer

Schalotten in Ringe, Speck in feine Streifen schneiden. Salbeiblätter hacken. Alles zusammen mit Butter in eine Pfanne geben und 2 Min. anbraten. Fischfilets halbieren, salzen und in einer beschichteten Pfanne mit Öl bei mittlerer Hitze auf der Hautseite 3–4 Min. knusprig braten. Fisch wenden und ca. 2 Min. fertig garen. Saft aus der Zitrone pressen, den Fisch damit beträufeln und mit gemahlenem Pfeffer würzen. Mit den Speck-Schalotten anrichten.

BURGER

1 HAMBURGER

Für die Patties: 600 g Rinderhackfleisch / 1 TL mittelscharfer Senf / 1 TL Meersalz / 1 TL Pfeffer / 2 EL Olivenöl

Für die Burgersauce: 1 Ei / 15 g körniger Dijon-Senf / 1 TL Apfelessig / 180 ml Sonnenblumenöl / 8 g frischer Meerrettich / 3 EL Ketchup (S. 148) / 1 TL edelsüßes Paprikapulver / 1 TL Oregano / Salz / Pfeffer

1 Fleischtomate / 1 rote Zwiebel / 4 Buns (S. 137) / 8 Blätter Lollo Bianco / 8 EL Ketchup (S. 148)

Für die Patties Fleisch, Senf, Salz und Pfeffer zu 4 flachen Bratlingen formen und in einer Pfanne mit Öl 8 Min. braten.

Für die Burgersauce Ei trennen und Eigelb mit Senf und Essig in einer Schüssel mit dem Schneebesen verquirlen, dabei Öl in dünnem Strahl hineingießen. Meerrettich hinein reiben und Ketchup einrühren, mit Paprikapulver, Oregano, Salz und Pfeffer abschmecken.

Tomate in Scheiben, Zwiebel in Ringe schneiden. Buns aufschneiden und im Ofen bei 200 °C 3 Min. rösten. Je Burger wie folgt schichten: Bun-Boden, 2 EL Sauce, 2 Blätter Salat, Tomatenscheiben, Patty, Zwiebelringe, 2 EL Ketchup und Bun-Deckel.

2 SWEET POTATO BURGER

Für die Patties: 2 Süßkartoffeln / 3 EL Olivenöl / 50 g TK-Erbsen / 50 g Zuckermais aus der Dose / 1 Frühlingszwiebel / ½ rote Paprika / 60 g Schmelzflocken / 1 Ei / Salz / Pfeffer

Für das Schmorgemüse: 1 kleine Zucchini / 1 Zweig Rosmarin / 2 EL Olivenöl / Salz / Pfeffer

4 Buns (S. 137) / 2 Tomaten / 8 EL Burgersauce / 8 EL Ketchup (S. 148) / 4 Blätter Kopfsalat

Für die Patties 1 Kartoffel in Scheiben schneiden, auf ein mit Backpapier ausgelegtes Backblech geben, mit 1 EL Öl beträufeln und im Ofen bei 230 °C 25 Min. backen. Gebackene Kartoffelscheiben mit Erbsen und Mais in einer Schüssel zerdrücken. 1 weitere Kartoffel reiben, Zwiebel und Paprika klein schneiden. Alles mit Schmelzflocken und Ei in die Schüssel geben, umrühren, salzen und pfeffern. 4 flache Bratlinge formen und in der Pfanne mit 2 EL Öl bei mittlerer Hitze 8 Min. braten.

Für das Schmorgemüse Zucchini in dünne Scheiben schneiden und mit den Rosmarinnadeln und Öl in einer Pfanne erhitzen. Salzen und pfeffern.

Buns aufschneiden und im Ofen bei 200 °C 3 Min. rösten. Tomaten in Scheiben schneiden. Je Burger wie folgt schichten: Bun-Boden, 2 EL Burgersauce, 1 Salatblatt, Patty, Tomatenscheiben, Schmorgemüse, 2 EL Ketchup und Bun-Deckel.

3 SALMON BURGER

Für den Rote-Bete-Salat: 100 g gekochte Rote Beten / 4 EL Weißweinessig / Salz / Zucker

Für die Sauce: 1 Avocado / 1 Limette / Salz / Pfeffer

Für die Patties: 600 g Lachsfilet / 2 EL Öl / Salz / Pfeffer / 20 g Meerrettich

4 Roggenbrötchen / 1 rote Zwiebel / 4 EL Mayonnaise (S. 146)

Für den Salat Rote Bete in feine Scheiben schneiden und mit Essig, Salz und Zucker mischen. 20 Min. ziehen lassen.

Für die Sauce Avocado mit einer Gabel zerdrücken, Limette auspressen. Saft mit Avocado verrühren, salzen und pfeffern.

Für die Patties Lachs fein würfeln, zu 4 Bratlingen formen und in einer Pfanne mit Öl bei mittlerer Hitze 4 Min. braten. Salzen, pfeffern und Meerrettich darüber hobeln.

Brötchen aufschneiden, Zwiebel in feine Ringe schneiden. Je Burger wie folgt schichten: Brötchenboden, 2 EL Sauce, Zwiebelringe, Salat, Patty, 1 EL Mayonnaise und Brötchendeckel.

4 PULLED PORK BURGER

Für die Patties: 2 Knoblauchzehen / 100 g Rohrohrzucker / 2 EL edelsüßes Paprikapulver / 2 TL Pfeffer / 2 TL Kreuzkümmel / 1 TL Muskat / 1 EL Salz / 1,5 kg Schweinenacken

Für den Krautsalat: 500 g Rotkohl / 1 Bund Petersilie / 30 g Ingwer / 8 Wacholderbeeren / 1 TL Kümmel / 2 EL Essig / 2 EL Olivenöl / 1 EL Honig / Salz / Pfeffer / 8 EL Ketchup (S. 148) / 4 Kartoffelbrötchen

Für die Patties Knoblauch hacken, mit Zucker, Paprikapulver, Pfeffer, Kreuzkümmel, Muskat und Salz mischen und Fleisch damit einreiben. In eine Auflaufform legen und mit Alufolie bedeckt im Ofen bei 90 °C mind. 8 Std. garen.

Für den Krautsalat Rotkohl in feine Streifen schneiden, Petersilie hacken, Ingwer reiben. Wacholder und Kümmel im Mörser zerstoßen und mit Essig, Öl, Honig, Salz und Pfeffer vermischen. 20 Min. ziehen lassen.

Brötchen aufschneiden, Fleisch mit der Gabel zerrupfen. Je Burger wie folgt schichten: Brötchenboden, Salat, Patty, 2 EL Ketchup und Brötchendeckel.

5 CHICKEN BURGER

Für die Patties: 4 Hähnchenbrustfilets (ca. 600 g) / 1 EL Currypulver / 1 EL edelsüßes Paprikapulver / Salz / Pfeffer / 2 EL Öl

1 Fleischtomate / 1 rote Zwiebel / 4 Buns (S. 137) / 8 Blätter grüner Eichblatt / 8 EL Ananas-Relish (S. 143) / 8 EL Ketchup (S. 148)

Für die Patties Filets in je 2 Stücke schneiden, mit Curry- und Paprikapulver, Salz und Pfeffer einreiben und in einer Pfanne mit Öl 6 Min. braten.

Tomate in Scheiben, Zwiebel in Ringe schneiden. Buns aufschneiden und im Ofen bei 200 °C 3 Min. rösten. Je Burger wie folgt schichten: Bun-Boden, 2 Blätter Salat, Tomatenscheiben, Patty, Zwiebelringe, 2 EL Relish, 2 EL Ketchup und Bun-Deckel.

GEFÜLLTES GEMÜSE

1 GEFÜLLTE PAPRIKA MIT FETA UND COUSCOUS

1 rote Zwiebeln / 2 Knoblauchzehen / 1 Zweig Rosmarin / 1 kleine Zucchini / 6 EL Olivenöl / 50 ml Portwein / 300 ml Gemüsebrühe (S. 38) / 1 Strauchtomate / 8 getrocknete Tomaten / 50 g Rosinen / 200 g Feta / 250 g Couscous (moyen) / Fleur de Sel / Pul Biber / 4 rote Paprika

Zwiebel, Knoblauch und Rosmarin klein hacken, Zucchini klein würfeln. Alles in einer großen Pfanne mit 2 EL Öl anbraten. Mit Portwein ablöschen, ca. 2 Min. einköcheln lassen und die Brühe hinzugießen. Tomate klein würfeln. Getrocknete Tomaten und Rosinen klein hacken. Feta zerbröseln. Alles mit dem Couscous in eine Schüssel geben, mischen, mit Salz und Pul Biber abschmecken.

Paprika quer aufschneiden und mit Couscous füllen. Auflaufform mit 2 El Öl einfetten, gefüllte Paprika hineinsetzen, mit 2 EL Öl beträufeln, mit Salz und Pul Biber würzen.
Im Ofen bei 180 °C
20–25 Min. schmoren.

MEIN ♥-REZEPT

2 GEFÜLLTE ZUCCHINI MIT BULGUR UND ZIEGENKÄSE

100 g Bulgur / Salz / 1 Zwiebel / 2 Knoblauchzehen / 8 EL Olivenöl / 4 große Zucchini / 50 ml Marsala / 50 g Rosinen / 4 getrocknete Feigen / 30 g Mandeln / 200 g Ziegenkäse / 1 Pr. Zimt / Pul Biber

Bulgur im siedenden Salzwasser zugedeckt 5 Min. quellen lassen. Zwiebel und Knoblauch fein würfeln und in einer großen Pfanne mit 2 EL Öl glasig dünsten. Fruchtfleisch der Zucchini mit einem Löffel aushöhlen, kleinschneiden und in der Pfanne mitgaren. Mit Marsala und 50 ml Wasser ablöschen.

Rosinen, Feigen und Mandeln klein hacken. Ziegenkäse zerbröseln. Alles mit dem Bulgur in der Pfanne vermischen und mit Zimt, Salz und Pul Biber würzen. Auflaufform mit 3 EL Öl einfetten, ausgehöhlte Zucchini hineinlegen, salzen, pfeffern und mit 3 EL Öl beträufeln. Im Ofen bei 180 °C 10 Min. garen. Zucchinihälften mit der Bulgur-Mischung füllen und im Ofen weitere 10 – 15 Min. überbacken.

3 GEFÜLLTE PAPRIKA MIT LAMM UND JOGHURT-MINZ-DIP

3 Stiele Minze / 3 Stiele Petersilie / 1 Zwiebel / 2 Knoblauchzehen / 5 El Olivenöl / 30 g Rosinen / 30 g Pistazien / 50 ml Portwein / 350 g Lammhackfleisch / 1 TL Kreuzkümmel / 1 Pr. Zimt / 1 Ei / Salz / Pfeffer / 4 rote Paprika / 100 ml Joghurt-Minz-Dip (S. 151)

Minze und Petersilie fein hacken. Zwiebel und Knoblauch fein würfeln und in einer großen Pfanne mit 2 EL Öl glasig dünsten. Rosinen und Pistazien hacken und zufügen, kurz mitgaren. Mit Portwein ablöschen und 2 – 3 Min. einkochen lassen. Die Zwiebelmischung mit Hackfleisch, Kräutern, Kreuzkümmel, Zimt und Ei in einer Schüssel mischen, salzen und pfeffern.

Paprika längs halbieren, Hackfüllung in die Hälften geben. Auflaufform mit 3 EL Öl einfetten, gefüllte Paprika hineinlegen und im Ofen bei 160 °C 30 – 35 Min. garen. Mit dem Joghurt-Minz-Dip beträufeln.

4 GEFÜLLTE AUBERGINE MIT HIRSE UND RATATOUILLE

2 Auberginen / Salz / Pfeffer / 4 El Olivenöl / 1 Zwiebel / 1 Knoblauchzehe / 150 g Hirse / 50 ml Weißwein / 200 ml Gemüsebrühe (S. 38) / 1 Zucchini / 1 gelbe Paprika / 1 Strauchtomate / 4 Datteln / 2 Zweige Rosmarin / 100 ml Tomatensugo (S. 144) / 30 g Parmesan

Auberginen längs halbieren, Schnittflächen mit Salz und 2 El Öl einreiben, auf Backblech im Ofen bei 160 °C 25 Min. garen. Zwiebel und Knoblauch fein hacken, in einem Topf mit 2 EL Öl anschwitzen. Hirse zufügen, mit Wein und Brühe ablöschen. Bei milder Hitze ca. 25 Min. quellen lassen.

Zucchini und Paprika klein würfeln und in großer Pfanne mit 2 EL Öl 3 – 5 Min. dünsten. Fruchtfleisch aus den Auberginen lösen und grob hacken. Tomate und Datteln klein würfeln, Rosmarin fein hacken. Alles mit der Hirse und 50 ml Tomatensugo in die Pfanne geben, mischen, salzen und pfeffern.

Die Auberginen mit dem Hirse-Ratatouille füllen, in eine Form geben, mit 50 ml Tomatensugo beträufeln und Parmesan darüber hobeln. Im Ofen bei 160 °C 25 Min. garen.

5 GEFÜLLTE PAPRIKA MIT SÜSSKARTOFFELN, PILZEN UND HACK

1 Zwiebel / 2 Knoblauchzehen / 7 EL Olivenöl / 200 g Champignons / 50 ml Marsala / 1 Süßkartoffel / 1 Pr. Zimt / Salz / Pul Biber / ½ Bund Petersilie / 50 g Rosinen / 350 g gemischtes Hackfleisch / 1 Ei / 4 gelbe Paprika / 1 Mozzarella-Kugel / 50 ml Tomatensugo (S. 144)

Zwiebel und Knoblauch hacken, in einer Pfanne mit 2 EL Öl glasig andünsten. Champignons vierteln und 2 – 3 Min. mitgaren. Mit Marsala ablöschen und in eine große Schüssel geben. Süßkartoffel klein würfeln und in der Pfanne mit 2 EL Öl anbraten, mit Zimt, Salz und Pul Biber würzen. Mit etwas Wasser ablöschen, auf kleiner Flamme ca. 3 Min. garen, in die Schüssel geben. Petersilienblättchen und Rosinen klein hacken, mit Hackfleisch und Ei ebenfalls dazugeben, alles vermischen, salzen und pfeffern.

Paprika längs halbieren und die Füllung in die Hälften geben. Mozzarella in Scheiben schneiden, darauf verteilen. Tomatensugo darüber träufeln. Auflaufform mit 3 EL Öl einfetten, gefüllte Paprika hineinlegen und im Ofen bei 180 °C ca. 30 Min. garen.

OFENGEMÜSE 98
- Buntes Ofengemüse
- Mediterranes Gemüse vom Blech
- Rosmarinkartoffeln mit Fleur de Sel
- Ofenkartoffeln mit Kräuterquark
- Bunte Winterwurzeln mit Kürbis

SCHMORGEMÜSE 100
- Grünes Frühlingsgemüse
- Buntes Möhren-Kohlrabi-Gemüse
- Wirsing in Rieslingsrahm
- Geschmorter Chicorée mit Birne und Nüssen
- Ratatouille

GRATINS UND AUFLÄUFE 102
- Kartoffelgratin
- Kartoffel-Spargel-Lachs-Gratin
- Süßkartoffel-Rote Bete-Gratin
- Kartoffel-Brokkoli-Schinken-Auflauf
- Kartoffel-Tomaten-Zucchini-Auflauf

REIBEKUCHEN 104
- Reibekuchen mit Apfelkompott
- Zucchini-Rösti
- Blechrösti mit Möhren und Pastinaken
- Kartoffel-Apfel-Rösti
- Sauerkraut-Reibekuchen mit Lachs und Dillquark

POMMES FRITES 106
- Pommes Frites
- Süßkartoffel-Pommes
- Hokkaido-Wedges mit Zimt
- Kohlrabi-Pommes
- Kartoffel-Wedges mit Paprika

KROKETTEN 108
- Kartoffelkroketten
- Kartoffelplätzchen
- Mandelkroketten
- Herzoginkartoffeln
- Schwedische Kartoffeln

KARTOFFELPÜREE 110
- Kartoffelpüree
- Süßkartoffel-Kürbis-Püree
- Kartoffel-Erbsen-Püree
- Möhren-Kartoffel-Stampf mit Hack
- Kartoffel-Sellerie-Stampf mit Schmorzwiebeln

KARTOFFELPFANNE 112
- Bratkartoffeln
- Bunte Kartoffelpfanne mit Kräuterquark
- Bauern-Gröstl mit Kasseler
- Herzhafter Bauernschmaus
- Mediterrane Kartoffelpfanne mit Feta

REIS 114
- Reis mit Erbsen und Möhren
- Gebratener Reis mit Huhn
- Auberginen-Reispfanne mit Feta
- Marokkanisches Pilaw mit Hack
- Indisches Biryani mit Blumenkohl

KNÖDEL 116
- Kartoffelklöße
- Semmelknödel
- Käseknödel
- Speckknödel
- Spinatknödel

POLENTA 118
- Polenta mit Parmesan
- Polenta mit Mangold und Tomatensalsa
- Gebratene Polentarauten in Rosmarinbutter
- Polentaauflauf mit Bologneser Fleischsauce
- Polenta mit Ziegenkäse und geschmolzenen Kirschtomaten

GNOCCHI 120
- Gnocchi in Salbeibutter
- Kräutergnocchi mit geschmolzenen Tomaten
- Gnocchi mit Trüffel-Pilzen und Ziegenkäse
- Kürbisgnocchi in Orangenbutter
- Walnussgnocchi mit Spinat in Nussbutter

EMPANADAS 122
- Empanadas de Carne
- Empanadas de Choclo
- Empanadas de Atún
- Empanadas de Queso y Cebollas
- Empanadas de Pollo

TORTILLA 124
- Tortilla
- Tortilla mit Paprika und Rosmarin
- Tortilla mit Thunfisch
- Frittata mit Zucchini, Erbsen und Feta
- Süßkartoffel-Tortilla mit Kirschtomaten

QUICHE 126
- Quiche Lorraine
- Möhren-Zucchini-Lauch-Quiche
- Kirschtomaten-Quiche
- Räucherlachs-Quiche
- Spinat-Schafskäse-Quiche

OMELETTE 128
- Kräuter-Omelette
- Tomaten-Omelette mit Speck
- Kartoffel-Kräuter-Omelette
- Omelette mit Kirschtomaten und Ziegenkäse
- Krabben-Omelette

STRAMMER MAX 130
- Strammer Max
- Strammer Veggie
- Strammer Maximiliano
- Stramme Forelle
- Strammer Frühlings-Max

WRAPS UND CRESPELLE 132
- Wrap mit Hähnchenbrust und Avocado
- Wrap mit Feldsalat und Pilzen
- Crespella mit Roastbeef und Walnüssen
- Crespella mit Käse und Schinken
- Crespella mit Birne und Ziegenkäse

SANDWICHES 134
- Club-Sandwich
- Thunfisch-Sandwich
- Mediterranes Sandwich
- Spanisches Bocadillo
- Skandinavisches Vollkorn-Sandwich

BROT 136
- Rustikales Baguette
- Walnuss-Rosinen-Brot
- Indisches Naan-Brot
- Burger Buns
- Dinkelvollkornbrot

BEILAGEN UND SNACKS

OFENGEMÜSE

BUNTES OFENGEMÜSE

1 Brokkoli / Salz / Pfeffer / 5 Möhren / 1 Kohlrabi / 1 Knollensellerie (ca. 150 g) / 1 große Fenchelknolle / 4 Schalotten / 2 Knoblauchzehen / 4 EL Olivenöl

Brokkoliröschen vom Strunk schneiden und in kochendem Salzwasser ca. 3–5 Min. bissfest garen. Kalt abschrecken, in eine Schüssel geben, salzen und pfeffern. Möhren schräg in Scheiben, Kohlrabi und Sellerie in Stifte schneiden.

Vom Fenchel das Grün abschneiden, Knolle in Spalten schneiden. Schalotten längs vierteln, Knoblauch in grobe Streifen schneiden. Alles (bis auf den Brokkoli) in einer Schüssel mit Öl, Salz und Pfeffer mischen, auf ein Backblech geben und im Ofen bei 200 °C 20–25 Min. weich garen. Nach 15 Min. den Brokkoli zufügen und mitschmoren.

MEDITERRANES GEMÜSE VOM BLECH

2 rote Paprika / 1 gelbe Paprika / 4 Schalotten / 2 Knoblauchzehen / 2 Zweige Rosmarin / 6 EL Olivenöl / Salz / Pfeffer / 2 Zucchini / 1 Aubergine / 12 Kirschtomaten / 4 Zweige Thymian / 2 EL Honig

Paprika und Schalotten vierteln, 1 Knoblauchzehe halbieren. Mit dem Rosmarin auf ein Backblech verteilen. 2 EL Öl, Salz und Pfeffer hinzugeben und alles vermengen. Im Ofen bei 220 °C 15–20 Min. schmoren.

Zucchini und Aubergine mit Schale schräg in ca. 0,5 cm dicke Scheiben schneiden und salzen. 1 Knoblauchzehe halbieren. Erst Zucchini und Knoblauch bei starker Hitze mit 3 EL Öl in einer großen Pfanne ca. 3 Min. braten, dann die Aubergine goldbraun anbraten. Alles mit den Tomaten und dem Thymian zu den Paprika aufs Blech geben. Salzen, pfeffern, mit Honig beträufeln und 3–4 Min. fertig schmoren.

MEIN ♥-REZEPT

ROSMARINKARTOFFELN MIT FLEUR DE SEL

700 g kleine festkochende Kartoffeln (z. B. Drillinge, Princess, Nicola) / 2 Knoblauchzehen / Fleur de Sel / 8 EL Olivenöl / 2 Zweige Rosmarin

Kartoffeln und Knoblauchzehen halbieren und auf einem Backblech verteilen. Salzen und mit dem Öl beträufeln. Rosmarinzweige hinzugeben. Alles gut vermengen und im Ofen bei 220 °C 20–25 Min. goldbraun garen.

OFENKARTOFFELN MIT KRÄUTERQUARK

4 große mehlig kochende Kartoffeln / 4 EL Öl / Meersalz / 4 Portionen Kräuterquark (S. 151)

Kartoffeln mit Schale mit Öl bepinseln und salzen. Einzeln in Alufolie wickeln, auf ein Backblech legen und im Ofen bei 170 °C ca. 1,5 Std. garen. Danach aus dem Ofen nehmen, aus der Folie wickeln und über Kreuz einschneiden. So an den Seiten drücken, dass sie sich etwas öffnen.

Kräuterquark auf die Ofenkartoffeln klecksen.

BUNTE WINTERWURZELN MIT KÜRBIS

2 Rote Bete Knollen / ½ Bio-Zitrone / 4 EL Olivenöl / 1 kleiner Hokkaido / 3 Möhren / 2 Pastinaken / 2 Knoblauchzehen / Salz / Pfeffer

Rote Beten in mundgerechte Stücke schneiden. Von der Zitrone 2 Streifen Schale abschälen. Beides auf einem Backblech verteilen, mit 2 EL Öl beträufeln und im Ofen bei 200 °C 10 Min. backen.

Das übrige Gemüse in Spalten schneiden, mit Knoblauch, 2 EL Öl, Salz und Pfeffer mischen und im Ofen 20 Min. mitschmoren.

SCHMORGEMÜSE

GRÜNES FRÜHLINGSGEMÜSE

1 Brokkoli / 1 Bund grüner Spargel / 200 g TK-Erbsen / Salz / 4 Frühlingszwiebeln / 4 Schalotten / 80 g Butter / 200 g Zuckerschoten / 2 TL Zucker / Pfeffer / ½ Orange / 6 Stiele Kerbel

Brokkoli in kleine Röschen teilen, Strunk großzügig schälen und in kleine Stücke schneiden. Spargel schräg in 4 Stücke schneiden und mit den Erbsen in einem Topf mit Salzwasser 3–5 Min. bissfest blanchieren, darüber in einem Dämpfeinsatz die Stücke vom Brokkolistrunk dünsten. 100 ml Kochwasser auffangen.

Frühlingszwiebeln schräg in ca. 3 cm lange Stücke schneiden. Schalotten fein würfeln. Beides mit dem Spargel und Brokkoli in einer großen Pfanne mit 30 g Butter bei starker Hitze anbraten. Erbsen und Zuckerschoten zugeben und 2 Min. mitgaren. Zucker, Salz und Pfeffer darüber streuen, mit dem Kochwasser aufgießen und 5 Min. einkochen lassen. 50 g Butter einrühren, Orange darüber auspressen. Kerbelblättchen fein hacken und darüber streuen.

BUNTES MÖHREN-KOHLRABI-GEMÜSE

1 kleiner Blumenkohl / Salz / 2 Kohlrabi / 5 Möhren / 1 Stange Lauch / 2 Schalotten / 1 EL Butter / 1 EL Rohrohrzucker / 3 EL Wermut / 2 EL Aceto Balsamico / 2 EL Sojasauce / Pfeffer / 6 Stiele Petersilie

Blumenkohl in kleine Röschen teilen und in Salzwasser in 3–5 Min. bissfest blanchieren, abgießen und 200 ml Kochwasser auffangen. Kohlrabi und Möhren in kleine Stücke, Lauch in Ringe und Schalotten in dünne Scheiben schneiden. Butter in einer großen Pfanne erhitzen und das Gemüse darin 4 Min. dünsten. Mit Zucker karamellisieren, mit Wermut und Essig ablöschen und einköcheln lassen.

Blumenkohlwasser zugießen und das Gemüse 6–8 Min. fertig garen. Kurz vor Ende der Garzeit den Blumenkohl zufügen. Alles mit Sojasauce, Salz und Pfeffer abschmecken. Petersilienblättchen hacken und untermischen.

WIRSING IN RIESLINGSRAHM

1 kleiner Wirsing / Salz / 1 EL Natron / 3 Schalotten / 1 Knoblauchzehe / 1 EL Butter / 100 ml Riesling / 200 g Sahne / 4 EL Rapsöl / Pfeffer / 4 EL Cranberries / ½ Zitrone / 1 TL Muskat

Wirsingblätter im Salzwasser mit Natron ca. 3 Min. bissfest blanchieren. Eine Tasse vom Kochwasser zurückbehalten.

Schalotten und Knoblauch fein würfeln und in einem Topf mit Butter glasig dünsten, mit Weißwein ablöschen und einköcheln lassen. Sahne und das Kochwasser zugießen.

Den Wirsing portionsweise in einer großen Pfanne mit Öl anbraten, pfeffern und mit dem Rieslingsrahm ablöschen. Cranberries grob hacken und unterrühren. Zitrone darüber auspressen. Mit Muskat, Salz und Pfeffer würzen.

GESCHMORTER CHICORÉE MIT BIRNE UND NÜSSEN

4 Chicorée / 6 EL Olivenöl / 1 Birne / 2 EL Rohrohrzucker / 1 Orange / 3 EL Walnüsse / 40 g Parmesan

Chicorée längs vierteln und in einer großen Pfanne mit 5 EL Öl stark anbraten. Birne längs in feine Spalten schneiden, zufügen und 2–3 Min. bei mittlerer Hitze mitdünsten. Mit Zucker karamellisieren. Orange darüber auspressen und zugedeckt auf kleiner Flamme schmoren, bis der Chicorée weich ist.

Nüsse hacken, in einer Pfanne rösten und untermischen. Den Chicorée salzen, pfeffern und mit 1 EL Öl beträufeln. Parmesan grob darüber hobeln.

MEIN ♥-REZEPT

RATATOUILLE

1 Aubergine / 2 Zucchini / Salz / 1 Zwiebel / 2 Knoblauchzehen / 6 EL Olivenöl / 2 Stangen Staudensellerie / 1 rote Paprika / 1 gelbe Paprika / 4 Fleischtomaten / 1 Zweig Rosmarin / 4 Zweige Thymian / 4 Stiele Petersilie / 1 EL Zucker / 6 EL Rotwein / Pfeffer

Gemüse in mundgerechte Würfel schneiden. Die Auberginen- und Zucchiniwürfel getrennt einsalzen und mind. 15 Min. ziehen lassen. Danach mit Küchenpapier abtupfen. Zwiebel und Knoblauch hacken. Tomaten schälen und in Stücke schneiden. Die Kräuter fein hacken.

2 EL Öl in einer großen Pfanne erhitzen. Zwiebeln, Knoblauch, Sellerie und Paprika darin ca. 5 Min. unter Rühren anbraten, Tomaten und Kräuter zugeben, weitere 5 Min. schmoren und mit Zucker karamellisieren.

In einer anderen Pfanne die Auberginen- und Zucchiniwürfel nacheinander in je 2 EL Öl anbraten. Unter das Paprika-Sellerie-Gemüse mischen. Alles mit Rotwein ablöschen, mit Salz und Pfeffer würzen. Ratatouille ca. 20 Min. zugedeckt bei kleiner Hitze schmoren.

GRATINS UND AUFLÄUFE

MEIN ♥-REZEPT

1 KARTOFFELGRATIN

250 ml Milch / 250 g Sahne / 1 TL Muskat / Salz / Pfeffer / 4 Zweige Thymian / 800 g festkochende Kartoffeln / 100 g geriebener Emmentaler / 2 EL Butter

Milch und Sahne in einem Topf bei mittlerer Hitze auf ⅔ der Flüssigkeit einkochen, gelegentlich umrühren. Mit Muskat, Salz und Pfeffer würzen. Thymianblättchen untermischen. Kartoffeln in dünne Scheiben schneiden.

Auflaufform mit Butter einfetten. Kartoffeln darin schichten und mit Sahnemischung übergießen. Käse darüber reiben und Butterflöckchen darauf verteilen. Gratin im Ofen bei 180 °C 30–35 Min. goldbraun backen.

2 KARTOFFEL-SPARGEL-LACHS-GRATIN

800 g festkochende Kartoffeln / 1 Bund weißer Spargel / Salz / ½ Zitrone / 200 g Crème fraîche / 200 g Sahne / 1 EL Tafel-Meerrettich / Pfeffer / ½ Bund glatte Petersilie / ½ Bund Dill / 3 EL Butter / 750 g Lachsfilet / 40 g sSemmelbrösel

Kartoffeln ungeschält in Salzwasser 20–25 Min. kochen, pellen und abkühlen lassen. Spargel in mundgerechte Stücke schneiden und in kochendem Salzwasser 3–4 Min. bissfest blanchieren. Zitrone auspressen, Saft mit Crème fraîche, Sahne und Meerrettich verrühren und mit Salz und Pfeffer würzen. Petersilie und Dill fein hacken und unterrühren.

Auflaufform mit Butter einfetten. Lachs und Kartoffeln in dicke Scheiben schneiden und mit dem Spargel in der Form schichten. Die Sahnecreme darüber gießen. Butter in einer Pfanne zerlassen, die Brösel darin goldbraun anrösten und über das Gratin geben. Im Ofen bei 180 °C ca. 25 Min. goldbraun backen.

3 SÜSSKARTOFFEL-ROTE BETE-GRATIN

2 Zweige Rosmarin / 4 Stiele Thymian / 150 ml Milch / 250 g Sahne / 1 TL edelsüßes Paprikapulver / Salz / Pfeffer / 2 EL Olivenöl / 2 Süßkartoffeln / 2 Rote Beten / 4 Tomaten / 100 g Pecorino

Rosmarin und Thymian fein hacken, mit Milch und Sahne mischen und mit Paprikapulver, Salz und Pfeffer abschmecken.

Auflaufform mit Öl einfetten. Kartoffeln, Rote Beten und Tomaten in Scheiben schneiden und dachziegelartig darin schichten. Sahne-Kräuter-Sauce über das Gratin gießen und im Ofen bei 180 °C 30 Min. garen. Käse darüber reiben und 15–20 Min. fertig backen.

4 KARTOFFEL-BROKKOLI-SCHINKEN-AUFLAUF

750 g festkochende Kartoffeln / Salz / 2 Knoblauchzehen / 2 EL Butter / 30 g Mehl / 600 ml Milch / 2 Lorbeerblätter / 1 TL Muskat / Pfeffer / 100 g gekochter Schinken / 1 Brokkoli / 150 g geriebener Gouda / 2 EL Mandelblättchen

Kartoffeln ungeschält in Salzwasser 20–25 Min. kochen, pellen und abkühlen lassen. Knoblauch fein hacken, in einer Pfanne mit Butter andünsten, Mehl zugeben und unter Rühren anschwitzen. Mit Milch ablöschen, aufkochen, Lorbeer zugeben und die Sauce 10 Min. bei mittlerer Hitze unter Rühren köcheln lassen. Lorbeer entfernen, mit Muskat, Salz und Pfeffer abschmecken.

Auflaufform buttern. Kartoffeln in ca. 0,5 cm dicke Scheiben, Schinken in Streifen schneiden. Röschen vom Brokkoli schneiden, den Strunk großzügig schälen und würfeln. Alles mit Gouda und der Béchamelsauce in die Form geben, mischen und mit Mandelblättchen bestreuen. Im Ofen bei 180 °C 40–45 Min. goldbraun backen.

5 KARTOFFEL-TOMATEN-ZUCCHINI-AUFLAUF

200 g Parmesan / 6 Stiele Petersilie / 6 EL Olivenöl / 800 g festkochende Kartoffeln / 3 Zucchini / 6 Tomaten / Salz / Pfeffer / 125 ml Weißwein / 2 EL Butter

Parmesan reiben. Petersilie hacken. Auflaufform mit Öl einfetten. Kartoffeln, Zucchini und Tomaten in dünne Scheiben schneiden und in mehreren Lagen in der Form schichten. Jede Lage salzen, pfeffern, mit Petersilie und Parmesan bestreuen und mit Wein und Öl beträufeln.

Auflauf mit Parmesan und Butterflöckchen belegen und im Ofen bei 175 °C ca. 45 Min. garen.

REIBEKUCHEN

1 REIBEKUCHEN MIT APFELKOMPOTT

1,5 kg vorwiegend festkochende Kartoffeln / 1 Zwiebel / 3 Eier / 3 EL Mehl / 1 TL Muskat / Salz / Pfeffer / 200 ml Sonnenblumenöl / 1 Apfelkompott (S. 176)

Kartoffeln reiben, in ein Küchentuch geben und sanft auswringen. Zwiebel fein hacken und mit den Kartoffelraspeln, Eiern, Mehl, Muskat, Salz und Pfeffer in einer Schüssel vermengen.

Öl in einer großen Pfanne erhitzen. Kartoffelmasse zu Talern formen und darin bei mittlerer Hitze 8–10 Min. ausbacken. Auf Küchenpapier abtropfen lassen und mit Apfelkompott anrichten.

2 ZUCCHINI-RÖSTI

700 g Zucchini / Salz / 300 g vorwiegend festkochende Kartoffeln / 4 Frühlingszwiebeln / 3 Eier / 3 EL Vollkornmehl / 6 Zweige Thymian / 100 g Feta / 1 Knoblauchzehe / Pfeffer / 200 g Rapsöl

Zucchini grob raspeln, mit 1 TL Salz vermengen und ca. 20 Min. ziehen lassen. Kartoffeln ebenfalls grob raspeln. Beides in ein Küchentuch geben, sanft auswringen, Frühlingszwiebeln in feine Ringe schneiden und mit Eiern, Mehl und Thymianblättchen in einer Schüssel vermengen. Feta hineinbröseln, Knoblauch pressen und hinzugeben und mit Salz und Pfeffer abschmecken.

Öl in einer großen Pfanne erhitzen. Kartoffel-Zucchini-Masse zu Talern formen und darin bei mittlerer Hitze 8–10 Min. ausbacken. Auf Küchenpapier abtropfen lassen.

3 BLECHRÖSTI MIT MÖHREN UND PASTINAKEN

600 g Pastinaken / 600 g Möhren / 1 Zwiebel / 100 g Bergkäse / ½ Bund Schnittlauch / 6 EL Olivenöl / 1 TL Muskat / Salz / Pfeffer

Pastinaken, Möhren und Zwiebel raspeln, Bergkäse reiben. Schnittlauch in feine Röllchen schneiden. Alles mit dem Öl mischen und mit Muskat, Salz und Pfeffer würzen.

Röstimasse zu Talern formen, auf zwei mit Backpapier ausgelegten Blechen verteilen und im Ofen bei 180 °C 30 Min. goldbraun backen. Nach 15 Min. die Rösti wenden.

4 KARTOFFEL-APFEL-RÖSTI

1 Zwiebel / 1 kg vorwiegend festkochende Kartoffeln / 3 Äpfel / 2 Eier / 4 EL Mehl / Salz / Pfeffer / 200 ml Sonnenblumenöl / 2 Zweige Thymian / 3 EL Rohrohrzucker

Zwiebel klein hacken. Kartoffeln und 2 Äpfel reiben, in ein Küchentuch geben, sanft auswringen und mit Eiern, Zwiebeln, Mehl, Salz und Pfeffer in einer Schüssel vermengen.

Öl in einer großen Pfanne erhitzen. Kartoffel-Apfel-Masse zu Talern formen und darin bei mittlerer Hitze 8–10 Min. ausbacken. Auf Küchenpapier abtropfen lassen.

1 Apfel mit Schale in Spalten schneiden, mit Thymianblättchen von den Zweigen zupfen. Beides in der Pfanne 3–5 Min. anbraten und mit Zucker karamellisieren. Thymianäpfel auf den Reibekuchen anrichten.

MEIN ♥-REZEPT

5 SAUERKRAUT-REIBEKUCHEN MIT LACHS UND DILLQUARK

1 Knoblauchzehe / 4 Eier / 500 g vorwiegend festkochende Kartoffeln / 100 g gekochtes Sauerkraut / 2 EL Crème fraîche / 4 EL Mehl / 1 TL Muskat / Salz / Pfeffer / 200 g Butterschmalz / 250 g Quark / 100 g Sauerrahm / 1 EL Meerrettich / 1 EL Senf / 1 TL Honig / ½ Bund Dill / 200 g Räucherlachs

Knoblauch fein hacken. Eier trennen. Kartoffeln reiben, Sauerkraut abtropfen lassen und grob zerkleinern. Beides in ein Küchentuch geben, sanft auswringen und mit Eigelb, Crème fraîche, Knoblauch, Mehl, Muskat, Salz und Pfeffer in einer Schüssel vermengen.

Schmalz in einer großen Pfanne erhitzen. Kartoffel-Kraut-Masse zu Talern formen und darin bei mittlerer Hitze 8–10 Min. ausbacken. Auf Küchenpapier abtropfen lassen.

Quark, Sauerrahm, Meerrettich, Senf und Honig verrühren, mit Salz und Pfeffer abschmecken. Dillblättchen fein hacken und untermischen. Die Reibekuchen mit Räucherlachs und dem Dillquark anrichten.

POMMES FRITES

POMMES FRITES

1 kg vorwiegend festkochende Kartoffeln / 4 EL Olivenöl / Meersalz

Kartoffeln in 5 cm lange und 1,5 cm breite Stäbchen schneiden und 1 Std. in kaltem Wasser einlegen. Aus dem Wasser nehmen, abtropfen lassen und mit Küchenpapier abtupfen. In einer Schüssel mit Öl vermengen und auf einem mit Backpapier ausgelegtem Backblech verteilen. Im Ofen bei 200 °C 30–35 Min. backen, nach 15 Min. mit dem Pfannenwender durchmischen. Mit Salz würzen.

SÜSSKARTOFFEL-POMMES

2 große Süßkartoffeln / 2 EL Speisestärke / 4 EL Olivenöl / 1 EL Honig / Fleur de Sel / 3 Zweige Thymian / Cayennepfeffer

Kartoffeln in 5 cm lange und 1 cm breite Stäbchen schneiden und 1 Std. in kaltem Wasser einlegen. Aus dem Wasser nehmen, abtropfen lassen und mit Küchenpapier abtupfen. Mit der Stärke in einen Gefrierbeutel geben und kräftig schütteln.

Öl und Honig in einer Schüssel verrühren, Süßkartoffeln damit vermischen. Pommes auf ein mit Backpapier ausgelegtes Backblech geben und im Ofen bei 200 °C 15–20 Min. backen. Salzen und nach Geschmack mit Thymianblättchen und Cayennepfeffer würzen.

MEIN ♥-REZEPT

HOKKAIDO-WEDGES MIT ZIMT

1 Hokkaido / 4 EL Olivenöl / Fleur de Sel / Pul Biber / 2 Knoblauchzehen / 1 Zimtstange / 1 Zweig Rosmarin

Kürbis in fingerdicke Spalten schneiden. 2 EL Öl auf einem Backblech verteilen, die Kürbisstücke darauf legen. Mit Salz und Pul Biber würzen. Knoblauchzehen halbieren, Zimtstange durchbrechen. Beides mit den Rosmarinzweigen auf dem Kürbis verteilen, mit 2 EL Öl beträufeln und alles mit den Händen durchmischen.

Kürbisspalten im Ofen bei 200 °C 15–18 Min. backen. Nach der Hälfte der Backzeit mit dem Pfannenwender durchmischen.

KOHLRABI-POMMES

100 g Parmesan / 4 EL Olivenöl / 100 g blanchierte gemahlene Mandeln / Salz / Pfeffer / 1 kg Kohlrabi

Parmesan in eine große Schüssel reiben und mit Öl und gemahlenen Mandeln verrühren. Salzen und pfeffern. Kohlrabi in 5 cm lange und 1,5 cm breite Stäbchen schneiden, in die Schüssel geben und darin schwenken.

Die panierten Kohlrabi-Pommes auf einem mit Backpapier ausgelegten Backblech auslegen und im Ofen bei 200 °C 25–30 Min. goldbraun backen, nach der Hälfte der Backzeit mit dem Pfannenwender durchmischen.

KARTOFFEL-WEDGES MIT PAPRIKA

1 kg vorwiegend festkochende Kartoffeln / 4 EL Olivenöl / Fleur de Sel / 1 TL edelsüßes Paprikapulver

Kartoffeln mit Schale gut waschen und in längliche Spalten schneiden. In einer Schüssel Öl, Salz und Paprikapulver mischen. Kartoffelspalten darin wenden und auf einem mit Backpapier ausgelegtem Backblech verteilen.

Im Ofen bei 200 °C 30–35 Min. backen. Nach 15 Min. mit dem Pfannenwender durchmischen.

KROKETTEN

MEIN ♥-REZEPT

1 KARTOFFELKROKETTEN

600 g mehlig kochende Kartoffeln / Salz / 2 Eier / 20 g Kartoffelstärke / 20 g Butter / 1 TL Muskat / Pfeffer / 100 g Semmelbrösel / 2 l Sonnenblumenöl

Kartoffeln mit Schale in Salzwasser ca. 20 Min. kochen, pellen und noch heiß durch eine Kartoffelpresse drücken. Auskühlen lassen. Eier trennen. Eigelb mit Kartoffelstärke und Butter unter die Kartoffelmasse rühren, mit Muskat, Salz und Pfeffer würzen.

Kartoffelmasse portionsweise in einen Spritzbeutel mit großer Lochtülle geben und in langen Streifen auf die leicht bemehlte Arbeitsfläche spritzen. Streifen in ca. 6 cm lange Kroketten schneiden. Je ein Schälchen mit Eiweiß und Semmelbröseln füllen. Die Kroketten nacheinander darin wälzen und in einem Topf mit heißem Öl portionsweise goldbraun backen. Auf Küchenpapier abtropfen lassen.

2 KARTOFFELPLÄTZCHEN

1 Ei / 8 Stiele Petersilie / 600 g vorwiegend festkochende Kartoffeln / Salz / 20 g Mehl / Muskat / 4 EL Rapsöl

Ei trennen, Petersilienblätter hacken. Kartoffeln mit Schale in Salzwasser ca. 20 Min. kochen, pellen und auskühlen lassen. Grob reiben und mit Eigelb, Mehl, Petersilie, Muskat und Salz verkneten. Aus der Masse runde Taler formen.

Öl in einer großen beschichteten Pfanne erhitzen. Die Plätzchen darin von jeder Seite bei mittlerer Hitze 3–4 Min. goldbraun braten. Auf Küchenpapier abtropfen lassen.

3 MANDELKROKETTEN

600 g mehlig kochende Kartoffeln / Salz / 3 Eier / 20 g Kartoffelstärke / 20 g Butter / 1 TL Muskat / Pfeffer / 2 EL Milch / 60 g Semmelbrösel / 100 g Mandelblättchen / 2 l Sonnenblumenöl

Kartoffelmasse wie bei den Kartoffelkroketten zubereiten und zu walnussgroßen Bällchen formen.

In einem Schälchen 1 Ei und die Milch, in einem anderen Schälchen Semmelbrösel und Mandelblättchen vermischen. Die Kroketten nacheinander darin wälzen und in einem Topf mit heißem Öl portionsweise goldbraun backen. Auf Küchenpapier abtropfen lassen.

4 HERZOGINKARTOFFELN

600 g mehlig kochende Kartoffeln / Salz / 3 Eier / 2 EL Butter / Muskat / Pfeffer

Kartoffeln mit Schale in Salzwasser ca. 20 Min. kochen, pellen und noch heiß durch eine Kartoffelpresse drücken. Auskühlen lassen. Eier trennen. 2 Eigelbe mit der Kartoffelmasse und der Butter verrühren und mit Muskat, Salz und Pfeffer würzen.

Die Kartoffelmasse in einen Spritzbeutel mit großer Lochtülle füllen und auf ein mit Backpapier ausgelegtes Backblech kleine Rosetten spritzen. 1 Eigelb mit 2 EL Wasser verrühren und die Rosetten vorsichtig damit bestreichen. Die Herzoginkartoffeln im Ofen bei 175 °C 10–12 Min. goldbraun backen.

5 SCHWEDISCHE KARTOFFELN

8 vorwiegend festkochende Kartoffeln / 80 g Butter / Salz / 3 EL gemahlene Mandeln / Fleur de Sel / Pfeffer

Kartoffeln bis knapp an den Boden wie einen Fächer dicht an dicht einschneiden. Auflaufform mit Butter einfetten und die Kartoffeln hineinsetzen, dabei etwas auseinanderfächern. Mit den Mandeln, Fleur de Sel und Pfeffer bestreuen und Butter in Flöckchen darauf setzen. Im Ofen bei 220 °C ca. 40 Min. goldbraun backen.

KARTOFFELPÜREE

KARTOFFELPÜREE

800 g mehlig kochende Kartoffeln / Salz / 150 ml Milch / 2 EL Butter / 1 TL Muskat / Pfeffer

Kartoffeln in grobe Stücke schneiden, in reichlich Salzwasser 20 Min. garen. Mit dem Kartoffelstampfer fein zerdrücken. Milch erwärmen und mit der Butter unter die Kartoffeln rühren. Mit Muskat, Salz und Pfeffer würzen.

SÜSSKARTOFFEL-KÜRBIS-PÜREE

1 Süßkartoffel / ½ Hokkaido / 20 g Ingwer / 1 Knoblauchzehe / 3 EL Olivenöl / 1 Orange / 1 Pr. Zimt / Salz / Pfeffer / 2 EL Butter

Kartoffel und Hokkaido in große, Ingwer und Knoblauch in kleine Stücke schneiden. Alles in einem großen Topf mit Öl unter Rühren 2 – 3 Min. anbraten.

Orange darüber auspressen und mit Zimt, Salz und Pfeffer würzen. Bei schwacher Hitze im geschlossenen Topf 10 – 15 Min. schmoren, gelegentlich umrühren. Alles mit einem Stampfer zerdrücken und die Butter einrühren.

KARTOFFEL-ERBSEN-PÜREE

800 g mehlig kochende Kartoffeln / Salz / 400 g TK-Erbsen / 2 EL Butter / 1 TL Muskat / Pfeffer

Kartoffeln in grobe Stücke schneiden, in reichlich Salzwasser 20 Min. garen. 10 Min. vor Ende der Garzeit Erbsen dazugeben. Das Gemüse mit dem Kartoffelstampfer grob zerdrücken. Butter untermengen und mit Muskat, Salz und Pfeffer abschmecken.

MÖHREN-KARTOFFEL-STAMPF MIT HACK

500 g mehlig kochende Kartoffeln / 300 g Möhren / Salz / 2 EL Pecorino / 2 EL Butter / 1 TL Muskat / Pfeffer / 2 Zwiebeln / 1 Knoblauchzehe / 100 g durchwachsener Speck / 6 EL Olivenöl / 500 g Rinderhackfleisch / ½ Bio-Zitrone / ½ Bund frische Petersilie / 1 EL Pinienkerne

Kartoffeln und Möhren in grobe Stücke schneiden, in reichlich Salzwasser 20 Min. garen und mit einem Stampfer zerdrücken. Pecorino darüber reiben, mit Butter unterrühren und mit Muskat, Salz und Pfeffer würzen.

Zwiebeln und Knoblauch fein hacken, Speck in kleine Würfel schneiden. Alles in einer großen Pfanne mit 2 EL Öl 4 Min. anbraten. Aus der Pfanne nehmen und beiseite stellen.

Hackfleisch in der Pfanne mit 4 EL Öl unter Rühren 5 Min. anbraten. Zitronenschale abreiben, Petersilie hacken. Beides mit den Pinienkernen in die Pfanne geben, umrühren und 2 Min. fertig braten. Mit Salz und Pfeffer würzen. Hackfleisch und die Zwiebel-Speck-Mischung locker unter den Stampf mischen.

KARTOFFEL-SELLERIE-STAMPF MIT SCHMORZWIEBELN

300 g mehlig kochende Kartoffeln / 500 g Knollensellerie / Salz / 4 EL Butter / 1 TL Muskat / Pfeffer / 1 säuerlicher Apfel / 2 Zwiebeln / 2 EL Olivenöl / 1 Pr. Rohrohrzucker

Kartoffeln und Sellerie in grobe Stücke schneiden, in reichlich Salzwasser 20 Min. garen. Das Gemüse mit dem Kartoffelstampfer grob zerdrücken. 2 EL Butter untermengen und mit Muskat, Salz und Pfeffer würzen.

Apfel in ca. 0,5 cm breite Würfel schneiden, in einer Pfanne mit 1 EL Butter bei mittlerer Hitze 2–3 Min. dünsten und beiseite legen. Zwiebeln in feine Streifen schneiden, in der Pfanne mit Öl andünsten und mit Zucker karamellisieren. Gemüse grob stampfen, Apfelwürfel mit 1 EL Butter unterheben. Den Stampf mit den karamellisierten Zwiebeln anrichten.

MEIN ♥-REZEPT

KARTOFFELPFANNE

1 BRATKARTOFFELN

800 g vorwiegend festkochende Kartoffeln / 3 EL Butterschmalz / 2 Zwiebeln / Salz / Pfeffer / ½ Bund Petersilie

Kartoffeln mit Schale im Salzwasser 20 Min. kochen, pellen und abkühlen lassen. In Scheiben schneiden und in einer großen beschichteten Pfanne mit Schmalz bei mittlerer Hitze ca. 15 Min. braten, dabei mehrmals vorsichtig wenden. Zwiebeln würfeln und nach der Hälfte der Bratzeit hinzufügen und mitbraten. Salzen und pfeffern. Petersilienblätter fein hacken und unter die Kartoffeln mischen.

2 BUNTE KARTOFFELPFANNE MIT KRÄUTERQUARK

15 g durchwachsener Speck / 3 EL Rapsöl / 400 g vorwiegend festkochende Kartoffeln / 400 g Süßkartoffeln / 4 Frühlingszwiebeln / 1 Strauchtomate / Salz / Pfeffer / 8 EL Kräuterquark (S. 151)

Speck klein würfeln, in einer großen beschichteten Pfanne mit 1 EL Öl knusprig braten und beiseitelegen. Kartoffeln und Süßkartoffeln in ca. 1 cm große Würfel schneiden und mit 2 EL Öl in die Pfanne geben. Die Kartoffeln bei mittlerer Hitze ca. 10 Min. braten, dabei mehrmals vorsichtig wenden.

Zwiebeln schräg in Ringe schneiden und unter Wenden 2 Min. mitbraten. Tomate klein schneiden, hinzufügen und durchschwenken. Die Kartoffelpfanne salzen, pfeffern und den Kräuterquark dazu anrichten.

3 BAUERN-GRÖSTL MIT KASSELER

800 g vorwiegend festkochende Kartoffeln / 2 TL Kümmel / 2 Lorbeerblätter / 3 EL Butterschmalz / 2 Zwiebeln / 250 g Kasseler / 8 Radieschen / Salz / Pfeffer / 5 Stiele Majoran / 1 kleines Stück Meerrettichknolle

Kartoffeln mit Schale, Kümmel und Lorbeer im Salzwasser 20 Min. kochen, pellen und abkühlen lassen. In 1,5 cm dicke Stücke schneiden und in einer großen beschichteten Pfanne mit Schmalz bei mittlerer Hitze ca. 10 Min. braten, dabei mehrmals vorsichtig wenden.

Zwiebeln in Streifen, Kasseler in 1 cm breite Streifen schneiden. Beides in die Pfanne geben und weitere 5–10 Min. braten. Lorbeer entfernen. Radieschen in feine Scheiben schneiden und untermischen. Mit Salz, Pfeffer und Majoranblättern würzen. Meerrettich darüber reiben.

5 MEDITERRANE KARTOFFELPFANNE MIT FETA

1 rote Zwiebel / 2 Rote Beten / 4 EL Olivenöl / ½ Apfel / 1 kleiner Radicchio / 1 EL Rohrohrzucker / 40 g Walnusskerne / 200 g Feta / 800 g Rosmarinkartoffeln (S. 99) / Salz / Pfeffer

Zwiebel in feine Streifen, Rote Beten in Scheiben schneiden. Beides in einer großen Pfanne mit Öl 2–3 Min. anbraten. Apfel in dünne Spalten schneiden, Radicchio grob hacken. Ebenfalls in die Pfanne geben, mitbraten und mit Zucker karamellisieren.

Nüsse rösten, Feta würfeln. Beides mit den Rosmarinkartoffeln hinzugeben und mischen. Mit Salz und Pfeffer abschmecken.

4 HERZHAFTER BAUERNSCHMAUS

800 g vorwiegend festkochende Kartoffeln / 4 EL Rapsöl / 2 Zwiebeln / 1 rote Paprika / 150 g Bauernschinken / 4 Eier / Salz / Pfeffer / ½ Bund Schnittlauch

Kartoffeln mit Schale im Salzwasser 20 Min. kochen, pellen und abkühlen lassen. In Scheiben schneiden und in einer großen beschichteten Pfanne mit Öl bei mittlerer Hitze ca. 10 Min. braten, dabei mehrmals vorsichtig wenden.

Zwiebeln würfeln. Paprika und Schinken in feine Streifen schneiden. Alles zu den Kartoffeln geben und 3–4 Min. mitbraten. Die Eier in die Pfanne schlagen und unter vorsichtigem Wenden stocken lassen. Kräftig salzen und pfeffern. Schnittlauch in feine Röllchen schneiden und den Bauernschmaus damit bestreuen.

MEIN ♥-REZEPT

REIS

REIS MIT ERBSEN UND MÖHREN

2 Schalotten / 2 EL Olivenöl / 250 g Langkornreis / 1 l Gemüsebrühe (S. 38) / 3 Möhren / 100 g TK-Erbsen / 2 EL Butter / 4 Stiele Kerbel / Salz / Pfeffer

Schalotten fein hacken und in einem Topf mit Öl 2 Min. glasig dünsten. Reis zugeben und 2 Min. mitdünsten. Mit der Brühe ablöschen, aufkochen und zugedeckt bei milder Hitze 25–30 Min. garen.

Möhren klein schneiden und nach 15 Min. zum Reis geben und mitgaren. Kurz vor Ende der Garzeit die Erbsen mit der Butter unter den Reis mischen. Kerbelblättchen fein hacken und untermischen. Reispfanne mit Salz und Pfeffer würzen.

GEBRATENER REIS MIT HUHN

300 g Basmatireis / 200 g Hähnchenbrustfilet / 5 EL Sesamöl / 2 TL Currypulver / Salz / 3 Möhren / 1 Zucchini / 4 Frühlingszwiebeln / 40 g Ingwer / 1 rote Chilischote / 1 Zwiebel / 1 Knoblauchzehe / 200 g TK-Erbsen / ½ Limette / 2 EL Sojasauce

Reis nach Packungsanweisung im Salzwasser kochen. Hähnchen in mundgerechte Stücke schneiden, mit 2 EL Öl, Curry und Salz marinieren. Möhren und Zucchini in feine Scheiben, Frühlingszwiebeln in feine Ringe schneiden.

Hähnchen in einer Pfanne mit 1 EL Öl 4–5 Min. anbraten, herausnehmen. Ingwer, Chili, Zwiebel und Knoblauch fein hacken und mit 2 EL Öl in der Pfanne anbraten. Der Reihe nach hinzugeben und braten: Möhren (3 Min.), Zucchini und Frühlingszwiebeln (2 Min.), Reis (4–5 Min.). Hähnchen und Erbsen untermischen, kurz erwärmen. Limette auspressen. Mit dem Saft und der Sojasauce den Reis abschmecken.

AUBERGINEN-REISPFANNE MIT FETA

1 Aubergine / Salz / 250 g Langkornreis / 5 EL Olivenöl / 2 Zwiebeln / 1 Knoblauchzehe / 1 Dose Kichererbsen (ca. 250 g) / 1 Zitrone / 2 TL Harissa / 200 g Feta / 3 Stiele Koriander / 3 Stiele Minze / Pfeffer

Aubergine in 1 cm große Würfel schneiden, salzen und beiseitelegen. Reis nach Packungsanweisung im Salzwasser kochen. Auberginenwürfel mit Wasser abbrausen, abtropfen lassen und in einer Pfanne mit 3 EL Öl bei mittlerer Hitze 3 Min. anbraten.

Zwiebeln und Knoblauch fein hacken und mit den Kichererbsen dazugeben, 3 Min. braten. Zitrone auspressen, Saft mit 2 EL Öl und Harissa verrühren und die Paste mit dem Reis in die Pfanne geben, 2–3 Min. braten. Feta zerbröseln, Koriander- und Minzblättchen grob hacken. Alles locker unter den Reis mengen und mit Salz und Pfeffer abschmecken.

MAROKKANISCHES PILAW MIT HACK

200 g Rinderhackfleisch / 2 EL Butter / 1 rote Chilischote / 2 Zwiebeln / 1 Knoblauchzehe / 4 Möhren / 200 g Langkornreis / 3 Stiele Petersilie / 3 Stiele Minze / 3 TL Tomatenmark / 800 ml Gemüsebrühe (S. 38) / 2 Tomaten / 50 g Rosinen / 40 g blanchierte Mandeln / 2 TL Kurkuma / 1 TL Zimt / 1 TL Kreuzkümmel / Salz / Pfeffer

Hackfleisch in einem großen Topf mit Butter 5 Min. stark anbraten. Chili, Zwiebeln und Knoblauch hacken, Möhren in feine Scheiben schneiden, alles in den Topf geben und 3 Min. anbraten. Reis zugeben und kurz mitbraten. Petersilie und Minze hacken und mit Tomatenmark unter Rühren kurz mitgaren.

Brühe zugießen, aufkochen und zugedeckt bei mittlerer Hitze 20 Min. köcheln lassen. Tomaten klein schneiden und 5 Min. vor Ende der Garzeit mit den Rosinen unterrühren. Mandeln grob hacken, in einer Pfanne rösten und mit Kurkuma, Zimt und Kreuzkümmel unter den Pilaw geben. Mit Salz und Pfeffer würzen.

INDISCHES BIRYANI MIT BLUMENKOHL

250 g Basmatireis / 1 Pck. Safran / 6 Kardamom-Kapseln / 4 Zwiebeln / 20 g Ingwer / 2 EL Ghee (alternativ Butterschmalz) / 200 g festkochende Kartoffeln / 1 Blumenkohl / 60 g Currypaste / 1 Zimtstange / Salz / 150 g griechischer Sahnejoghurt / 40 g Mandelblättchen

Reis in einer Schale mit kaltem Wasser, Safran in einer Schale mit 50 ml heißem Wasser einweichen lassen. Samen aus den Kardamomkapseln holen und im Mörser zerstoßen.

Zwiebeln und Ingwer fein würfeln und mit Ghee in einer großen Pfanne bei milder Hitze 5 Min. glasig dünsten. Kartoffeln würfeln, Blumenkohlröschen vom Strunk schneiden. Beides in der Pfanne 2–3 Min. mitbraten. Currypaste, Kardamom, Zimtstange, Salz und 200 ml Wasser zugeben, umrühren und zugedeckt bei milder Hitze 15 Min. dünsten. Joghurt unterrühren. Reis in Salzwasser 5 Min. kochen. Mandelblättchen in einer Pfanne rösten, Zimtstange entfernen.

In einer ofenfesten Form übereinander schichten: Gemüse, Mandelblättchen und Reis. Mit Safranwasser beträufeln. Zugedeckt im Ofen bei 160 °C 40 Min. backen.

MEIN ♥-REZEPT

KNÖDEL

1 KARTOFFELKLÖSSE

2 Scheiben Toastbrot / 80 g weiche Butter / 900 g mehlig kochende Kartoffeln / 3 Eigelb / 75 g Speisestärke / 1 TL Muskat / Salz

Für die Croûtons Toastscheiben würfeln und in einer Pfanne mit 30 g Butter rösten. Kartoffeln mit Schale ca. 20 Min. kochen, pellen und ausdampfen lassen. Durch eine Kartoffelpresse drücken oder mit dem Stampfer fein zerdrücken.

50 g Butter, Eigelb, Speisestärke und Muskat zu der Kartoffelmasse geben, mit einem Holzlöffel vermischen und mit Salz abschmecken. Aus dem Teig mit feuchten Händen Klöße formen. Mit dem Daumen eine Mulde eindrücken und je 3–5 Croûtons hineingeben. Klöße wieder verschließen und rund formen.

Salzwasser zum Kochen bringen. Die Klöße darin bei milder Hitze 10–15 Min. ziehen lassen, bis sie an der Oberfläche schwimmen.

2 SEMMELKNÖDEL

4 Brötchen vom Vortag / 1 Bund glatte Petersilie / 2 Zwiebeln / 120 g Butter / 300 ml Milch / 2 Eier / Salz / Pfeffer

Brötchen grob würfeln und in eine große Schüssel geben. Petersilienblättchen hacken. Zwiebeln fein würfeln und in einer Pfanne mit 30 g Butter glasig dünsten. Mit Milch ablöschen, kurz einkochen und über die Brötchen gießen. 10 Min. ziehen lassen.

Eier, Petersilie, Salz und Pfeffer zugeben und verkneten. Mit feuchten Händen Knödel formen. Salzwasser zum Kochen bringen. Die Knödel darin bei milder Hitze 15–20 Min. ziehen lassen. 90 g Butter in einer Pfanne aufschäumen, die Rindenbrösel darin kurz rösten und über die Knödel gießen.

3 KÄSEKNÖDEL

200 ml Milch / 500 g Knödelbrot (oder 5 altbackene Brötchen) / 300 g verschiedene Käsesorten (z. B. Edamer, Gouda, Tilsiter, Bergkäse) / 1 Bund Petersilie / 2 Schalotten / 1 Knoblauchzehe / 1 EL Butter / 4 Eier / 1 TL Muskat / Salz / Pfeffer

Milch erwärmen und nach und nach über das Knödelbrot gießen. Käse klein würfeln. Petersilienblättchen hacken. Schalotten und Knoblauch fein würfeln. Butter in einer Pfanne erhitzen und beides darin glasig dünsten. Die Eier mit Muskat, Salz und Pfeffer verquirlen.

Alle Zutaten gut durchkneten und daraus mit feuchten Händen Knödel formen. Salzwasser zum Kochen bringen. Die Knödel darin bei milder Hitze 15–20 Min. ziehen lassen.

4 SPECKKNÖDEL

2 Brötchen vom Vortag / 200 ml Milch / 1 Bund glatte Petersilie / 100 g Zwiebeln / 150 g geräucherter Speck / 20 g Butter / 2 Eier / 1 EL Mehl / Salz / Pfeffer

Brötchen grob würfeln und in eine große Schüssel legen. Milch erwärmen und über die Brötchen gießen. Petersilienblättchen hacken und hinzugeben.

Zwiebeln und Speck in kleine Würfel schneiden, mit der Butter goldgelb anbraten und mit Eiern, Mehl, Salz und Pfeffer zu den Brotwürfeln geben. Alles gut vermengen und 10 Min. quellen lassen.

Aus der Masse mit feuchten Händen Knödel formen. Salzwasser zum Kochen bringen. Die Knödel darin bei milder Hitze 10–15 Min. ziehen lassen.

MEIN ♥-REZEPT

5 SPINATKNÖDEL

300 g Blattspinat / 2 Eier / 2 Brötchen vom Vortag / 120 ml Milch / 50 g Schalotten / 1 Knoblauchzehe / 100 g Butter / 1 EL Mehl / 1 EL Semmelbrösel / 1 TL Muskat / Salz / Pfeffer / 50 g Parmesan

Spinat in kochendem Salzwasser ca. 2 Min. blanchieren, in kaltem Wasser abschrecken und mit den Händen ausdrücken. Im Zerkleinerer mit den Eiern fein mixen.

Brötchen grob würfeln. Milch erwärmen. Schalotten und Knoblauch fein würfeln und mit 20 g Butter glasig dünsten. Alle Zutaten zusammen mit Mehl und Semmelbröseln vermischen und mit Muskat, Salz und Pfeffer abschmecken. Mit einem feuchten Küchentuch abgedeckt 30 Min. ziehen lassen. Mit feuchten Händen große Knödel formen.

Salzwasser zum Kochen bringen. Die Knödel darin bei milder Hitze 15–20 Min. ziehen lassen. 80 g Butter bei mittlerer Hitze so lange erhitzen, bis sie sich braun verfärbt. Durch ein mit Küchenpapier ausgelegtes Sieb passieren und über die Knödel gießen. Parmesan grob darüber hobeln.

POLENTA

1 POLENTA MIT PARMESAN

1 Knoblauchzehe / 600 ml Gemüsebrühe (S. 38) / 400 ml Milch / 1 Lorbeerblatt / Salz / Pfeffer / 150 g Polenta / 140 g Parmesan

Knoblauchzehe fein hacken, mit Gemüsebrühe, Milch und dem Lorbeerblatt in einem Topf aufkochen und mit Salz und Pfeffer würzen. Polenta unter Rühren einrieseln lassen. Alles bei mittlerer Hitze 8–10 Min. unter Rühren weiterkochen.

Lorbeer aus der Polenta nehmen und Parmesan reiben. Eine Hälfte des Käses unterrühren, die andere über die Polenta streuen.

MEIN ♥-REZEPT

2 POLENTA MIT MANGOLD UND TOMATENSALSA

700 ml Gemüsebrühe (S. 38) / 200 g Sahne / 150 g Polenta / 1 TL Zucker / 1 TL Muskat / Salz / Pfeffer / 1 Knoblauchzehe / 200 g Baby-Mangold / 1 EL Olivenöl / 3 EL Butter / 4 getrocknete eingelegte Tomaten / 40 g Parmesan / 100 g Tomatensalsa (S. 142)

Brühe und Sahne in einem Topf zum Kochen bringen. Polenta unter Rühren mit dem Schneebesen einrieseln lassen und bei geringer Hitze 8–10 Min. quellen lassen. Dabei immer wieder umrühren.

Knoblauch fein hacken und mit dem Mangold in einer großen Pfanne mit Öl und 2 EL Butter dazugeben, zusammenfallen lassen. Mit Zucker, Muskat, Salz und Pfeffer abschmecken und zur Polenta geben.

Tomaten fein hacken, Parmesan reiben. Beides mit 1 EL Butter unter die Polenta rühren. Mit Salz und Pfeffer würzig abschmecken. Die Tomatensalsa darauf verteilen.

3 GEBRATENE POLENTARAUTEN IN ROSMARINBUTTER

300 ml Gemüsebrühe (S. 38) / 300 ml Milch / 150 g Polenta / 1 TL Muskat / Salz / Pfeffer / 40 g Parmesan / 2 EL Olivenöl / 2 EL Butter / 2 Zweige Rosmarin / 2 Knoblauchzehen

Brühe und Milch in einem Topf zum Kochen bringen. Polenta unter Rühren mit dem Schneebesen einrieseln lassen und bei geringer Hitze 8–10 Min. quellen lassen, dabei immer wieder umrühren. Mit Muskat, Salz und Pfeffer würzen.

Parmesan reiben und unterrühren. Masse auf ein Holzbrett geben und glatt streichen, mit Frischhaltefolie bedecken und mit dem Nudelholz ca. 2 cm dick ausrollen. Abgedeckt abkühlen lassen.

Polentamasse in ca. 6 cm breite Quadrate schneiden und diese in Dreiecke teilen. Öl und Butter in einer großen beschichteten Pfanne erhitzen. Knoblauchzehen andrücken, mit Rosmarinzweigen zugeben und die Polentaecken darin 5 Min. goldbraun braten.

4 POLENTAAUFLAUF MIT BOLOGNESER FLEISCHSAUCE

500 ml Gemüsebrühe (S. 38) / 500 ml Milch / 250 g Polenta / 1 TL Muskat / Salz / Pfeffer / 4 EL Olivenöl / 100 g Gouda / 100 g Parmesan / 500 g Sauce Bolognese (S. 57) / 1 EL Butter

Brühe und Milch in einem Topf zum Kochen bringen. Polenta unter Rühren mit dem Schneebesen einrieseln lassen und bei geringer Hitze 8–10 Min. quellen lassen. Dabei immer wieder umrühren. Muskat, Salz, Pfeffer und 2 EL Öl unter die Polenta rühren, diese auf ein Holzbrett geben und glatt streichen. Mit Frischhaltefolie bedecken und mit dem Nudelholz ca. 0,5 cm dick ausrollen, abgedeckt abkühlen lassen.

Käse reiben und mischen. Eine Auflaufform mit 2 EL Öl auspinseln. Die Polenta in ca. 15 cm lange und 10 cm breite Scheiben schneiden. Den Auflauf in mehreren Lagen wie folgt schichten: Polentascheiben, geriebener Käse und Bolognesesauce. Mit Käse abschließen. Butter in Flöckchen darauf verteilen und den Auflauf im Ofen bei 175 °C 30 Min. goldbraun überbacken.

5 POLENTA MIT ZIEGENKÄSE UND GESCHMOLZENEN KIRSCHTOMATEN

1 Knoblauchzehe / 600 ml Gemüsebrühe (S. 38) / 400 ml Milch / 1 Rosmarinzweig / Salz / Pfeffer / 150 g Polenta / 24 Kirschtomaten / 1 EL Rohrohrzucker / 4 EL Olivenöl / 200 g Ziegenkäse / Fleur de Sel

Knoblauch fein hacken und in einem Topf mit Brühe, Milch und dem Rosmarinzweig zum Kochen bringen. Mit Salz und Pfeffer würzen. Polenta unter Rühren einrieseln lassen und bei geringer Hitze 8–10 Min. quellen lassen. Dabei immer wieder umrühren.

Kirschtomaten in einer beschichteten Pfanne kurz anbraten und mit Zucker karamellisieren. 2 EL Öl zufügen, Kirschtomaten mehrfach durchschwenken, bis sie beginnen aufzuplatzen. Aus der Pfanne nehmen und mit Fleur de Sel würzen.

Rosmarin aus der Polenta nehmen. Käse grob zerbröseln, die eine Hälfte mit 2 EL Öl unterrühren. Polenta mit den Kirschtomaten anrichten und mit der anderen Hälfte vom Käse bestreuen. Mit Öl beträufeln.

GNOCCHI

GNOCCHI IN SALBEIBUTTER

800 g mehlig kochende Kartoffeln / 130 g Butter / 2 TL Salz / 1 TL Muskat / 1 Bio-Zitrone / 2 Eier / 70 g Hartweizengrieß / 25 g Mehl / 25 g Kartoffelstärke / 4 Zweige Salbei / 40 g Parmesan / Pfeffer

Kartoffeln mit Schale auf einem mit Backpapier belegtem Blech im Ofen bei 160 °C ca. 1 Std. garen, pellen und zweimal durch die Kartoffelpresse drücken.

30 g Butter in einem Topf zerlassen, Salz und Muskat zugeben. Zitronenschale darüber abreiben. Eier trennen. Eigelbe mit Kartoffeln, Butter, Grieß, Mehl und Stärke zu einem geschmeidigen Teig verkneten und auf der Arbeitsfläche zu ca. 2 cm dicken Rollen formen. Diese in 1 cm breite Stücke teilen, zu Kugeln drehen, mit einer Gabel Rillen hineindrücken und auf ein mit Grieß bestreutes Blech legen. Die Gnocchi in kochendes Salzwasser geben und sobald sie an der Oberfläche schwimmen 2 Min. garen.

100 g Butter in einem Topf bei mittlerer Hitze erhitzen, bis sie goldbraun ist, und durch ein mit Küchenpapier ausgelegtes Sieb gießen. Mit den Salbeiblättern in einer großen Pfanne erhitzen. Gnocchi tropfnass hinzugeben und durchschwenken. Parmesan darüber reiben und pfeffern.

KRÄUTERGNOCCHI MIT GESCHMOLZENEN TOMATEN

800 g mehlig kochend Kartoffeln / Salz / 150 g Kräuter (z. B. Petersilie, Basilikum, Kresse, Thymian) / 100 g Pecorino / 2 Eier / 100 g Mehl / 100 g Ricotta / 1 TL Muskat / Pfeffer / 2 Schalotten / 2 Knoblauchzehen / 1 rote Chilischote / 2 El Öl / 1 El Butter / 500 g Kirschtomaten / 1 Pr. Zucker / 40 g Parmesan

Kartoffeln mit Schale in Salzwasser 20–25 Min. kochen, pellen und zweimal durch die Presse drücken. Kräuter fein hacken. Pecorino reiben. Eier trennen. Eigelbe mit Kartoffeln, Mehl, gehackten Kräutern, Pecorino und Ricotta hinzufügen. Mit Muskat, Salz und Pfeffer würzen und zu einem glatten Teig verkneten.

Schalotten, Knoblauch und Chilischote hacken und in einer Pfanne mit Öl und Butter glasig dünsten. Kirschtomaten halbieren, zugeben und 3 Min. mitdünsten. Mit Zucker karamellisieren. Mit Salz und Pfeffer würzen.

Teiglinge wie beim Rezept „Gnocchi in Salbeibutter" formen und kochen. Tropfnass unter die Tomaten mischen und durchschwenken. Parmesan darüber reiben und pfeffern.

MEIN ♥-REZEPT

KÜRBISGNOCCHI IN ORANGENBUTTER

100 g Butter / ½ Bio-Orange / 1 Hokkaido / 1 Knoblauchzehe / 4 Zweige Thymian / 1 Ei / 50 g Kartoffelstärke / 100 g Mehl / 1 TL Muskat / Salz / Pfeffer / 100 g Bacon / 1 EL Olivenöl / 40 g Parmesan

Butter in einem Topf erhitzen, bis sie goldbraun ist, und durch ein mit Küchenpapier ausgelegtes Sieb gießen. Orangenschale darüber abreiben.

Kürbis in Spalten schneiden, Knoblauch halbieren. Beides mit den Thymianzweigen auf einem Blech im Ofen bei 180 °C 30 Min. backen. Kürbis zerstampfen. Ei trennen. Eigelb, Kartoffelstärke und Mehl zugeben, mit Muskat, Salz und Pfeffer würzen und zu einem glatten Teig verkneten.

Die Teiglinge wie beim Rezept „Gnocchi in Salbeibutter" formen, kochen und abgetropft zur Orangenbutter geben, durchschwenken. Bacon in einer Pfanne mit Öl ausbraten, in Stücke schneiden und über die Kürbisgnocchi geben.

GNOCCHI MIT TRÜFFEL-PILZEN UND ZIEGENKÄSE

1 Schalotte / 500 g gemischte Pilze (z. B. Champignons, Kräuterseitlinge , Pfifferlinge) / 1 EL Olivenöl / 2 EL Marsala / 300 g Sahne / 2 EL Trüffelbutter / Salz / Pfeffer / Gnocchiteig / 100 g Ziegenkäse / 4 Zweige Petersilie

Schalotte fein würfeln und mit den Pilzen in einer Pfanne mit Öl 3–5 Min. scharf anbraten. Mit Marsala ablöschen, Sahne einrühren und einköcheln lassen. Mit Trüffelbutter, Salz und Pfeffer abschmecken.

Gnocchi wie beim Rezept „Gnocchi in Salbeibutter" zubereiten und kochen. Tropfnass unter die Trüffelpilze mischen und durchschwenken. Ziegenkäse zerbröseln, Petersilienblättchen hacken und beides darüber geben.

WALNUSSGNOCCHI MIT SPINAT IN NUSSBUTTER

100 g Butter / 1 Zwiebel / 1 Knoblauchzehe / 100 g Walnüsse / 1 kg Blattspinat / 30 g Rosinen / 1 TL Zucker / Salz / Pfeffer / 700 g mehlig kochende Kartoffeln / 2 Eier / 50 g Mehl / 40 g Parmesan

Butter in einem Topf erhitzen, bis sie goldbraun ist, und durch ein mit Küchenpapier ausgelegtes Sieb gießen. Zwiebel, Knoblauch und 25 g Nüsse hacken. Alles mit der Nussbutter anbraten. Spinat grob hacken und hinzugeben. Zugedeckt 6 Min. garen. Rosinen zugeben und mit Zucker, Salz und Pfeffer abschmecken.

Kartoffeln mit Schale in Salzwasser 20–25 Min. kochen, pellen und zweimal durch die Presse drücken. 75 g Nüsse fein mahlen, Eier trennen. Eigelbe mit Nüssen, Kartoffeln, Mehl, Salz und Pfeffer zu einem glatten Teig verkneten. Teiglinge wie beim Rezept „Gnocchi in Salbeibutter" formen, kochen und abgetropft zum Spinat geben und durchschwenken. Parmesan darüber reiben.

EMPANADAS

1 EMPANADAS DE CARNE

Für den Empanada-Teig: 150 g Maismehl / 150 g Weizenmehl / 2 Eier / 50 g Butter / ½ EL Salz / ½ EL Zucker / 1 EL Olivenöl / 1 EL Milch / 2 Eier (zum Bestreichen)

Für die Füllung: ½ rote Paprika / 1 Zwiebel / 1 Bund Frühlingszwiebeln / 4 EL Öl / 250 g Rinderhackfleisch / ½ TL Kreuzkümmel / ½ TL scharfes Paprikapulver / Salz / Pfeffer / 4 Eier / 100 g kernlose Oliven

Für den Teig das Mehl in eine große Schüssel füllen und in der Mitte eine Mulde bilden. 1 Ei trennen, das Eigelb mit den anderen Zutaten in die Mulde geben und alles mit einem Handmixer verrühren. Nach und nach 75 ml Wasser hinzugießen. Teig mind. 2 Std. im Kühlschrank ruhen lassen.

Für die Füllung Paprika, Zwiebel und Frühlingszwiebeln klein schneiden und in einer Pfanne mit Öl 5 Min. anbraten. Fleisch 5 Min. mitgaren. Gewürze unterrühren. 2 Eier hart kochen, mit den Oliven fein hacken. Beides mit der Füllung mischen.

Aus dem Teig Kugeln mit ca. 4 cm Durchmesser formen, sehr dünn ausrollen. 2 Eier trennen. Teigplatte in der Mitte mit Füllung belegen, Rand mit Eiweiß bepinseln und zu einer Tasche schließen. Mit Eigelb bestreichen. Empanadas auf einem mit Backpapier ausgelegten Backblech im Ofen bei 200 °C 15–20 Min. goldbraun backen.

2 EMPANADAS DE CHOCLO

1 Zwiebel / 2 Knoblauchzehen / 2 EL Olivenöl / 2 Maiskolben / 1 Ei / 100 g Kräuterfrischkäse / 100 g geriebener Emmentaler / 1 TL Paprikapulver edelsüß / 1 TL Oregano / Salz / Pfeffer / Empanada-Teig

Für die Füllung Zwiebel und Knoblauchzehen kleinschneiden und in einer Pfanne mit Öl glasig dünsten. Die Körner vom Maiskolben schneiden, Ei hart kochen und fein würfeln. Beides mit Frischkäse, Emmentaler und den Gewürzen unter die Zwiebelmischung rühren.

Füllung auf die Teigplatten legen. Die Teigtaschen wie beim Rezept Empanadas de Carne formen und backen.

3 EMPANADAS DE ATÚN

1 Zwiebel / 1 Knoblauchzehe / 3 EL Olivenöl / ½ rote Paprika / ½ gelbe Paprika / 1 Tomate / 1 Dose Thunfisch (100 g) / 2 Stiele Petersilie / ½ Zitrone / Meersalz / Pfeffer / Empanada-Teig

Für die Füllung Zwiebel und Knoblauchzehe kleinhacken und in einer Pfanne mit Öl glasig andünsten. Paprika klein schneiden und 3 Min. mitgaren. Tomate häuten und schneiden, Thunfisch zerkleinern, Petersilienblätter hacken und Saft aus der Zitrone pressen. Alles unter die Zwiebel-Paprika-Füllung heben und mit Salz und Pfeffer würzen.

Füllung auf die Teigplatten legen. Die Teigtaschen wie beim Rezept Empanadas de Carne formen und backen.

4 EMPANADAS DE QUESO Y CEBOLLAS

2 weiße Zwiebeln / 2 rote Zwiebeln / 4 Frühlingszwiebeln / 2 EL Olivenöl / Salz / Pfeffer / 1 TL Zucker / 250 g Mozzarella / Empanada-Teig

Für die Füllung die Zwiebeln und Frühlingszwiebeln kleinschneiden und in einer Pfanne mit Öl glasig dünsten. Mit Salz, Pfeffer und Zucker abschmecken. Mozzarella klein schneiden und untermischen.

Füllung auf die Teigplatten legen. Die Teigtaschen wie beim Rezept Empanadas de Carne formen und backen.

5 EMPANADAS DE POLLO

1 Möhre / ½ rote Paprika / ½ grüne Paprika / 1 Zwiebel / 3 Frühlingszwiebeln / 3 EL Öl / 1 Hähnchenbrustfilet / Salz / Pfeffer / Empanada-Teig

Für die Füllung Möhre, Paprika, Zwiebel und Frühlingszwiebeln würfeln und in einer Pfanne mit Öl 5 Min. anbraten. Fleisch in kleine Stücke schneiden und 2–3 Min. mitgaren. Mit Salz und Pfeffer abschmecken.

Füllung auf die Teigplatten legen. Die Teigtaschen wie beim Rezept Empanadas de Carne formen und backen.

TORTILLA

TORTILLA MIT THUNFISCH

400 g vorwiegend festkochende Kartoffeln / 6 EL Olivenöl / 1 Zwiebel / 1 rote Paprika / ½ Bund Schnittlauch / Salz / Pfeffer / 8 Eier / 8 EL Sahne / 1 TL edelsüßes Paprikapulver / 1 Dose Thunfisch (100 g)

Kartoffeln in dünne Scheiben schneiden und in einer großen, beschichteten Pfanne mit 4 EL Öl bei milder Hitze unter Wenden ca. 5 Min. anbraten. Zwiebel in kleine Würfel, Paprika in feine Streifen schneiden. Schnittlauch fein hacken. Alles zu den Kartoffeln geben und weitere 7–10 Min. unter Wenden braten. Salzen und pfeffern.

Eier und Sahne verquirlen und mit Paprikapulver, Salz und Pfeffer würzen. Thunfisch grob zerkleinern und dazugeben. Die Eier-Thunfisch-Masse zu den Kartoffeln geben und zügig untermengen. Bei milder Hitze ca. 15 Min. braten, bis die Tortilla eine feste Konsistenz annimmt. Mithilfe eines Tellers wenden, ca. 5 Min. fertig backen und mit 2 EL Öl bepinseln.

TORTILLA

500 g vorwiegend festkochende Kartoffeln / 1 Zwiebel / 6 EL Olivenöl / Salz / Pfeffer / ½ Bund glatte Petersilie / 8 Eier / 8 EL Sahne

Kartoffeln in dünne Scheiben, Zwiebel in kleine Würfel schneiden. Kartoffeln in einer großen, beschichteten Pfanne mit 4 EL Öl bei milder Hitze unter Wenden ca. 5 Min. anbraten. Zwiebelwürfel zufügen und weitere 7–10 Min. unter Wenden braten. Salzen und pfeffern.

Petersilienblättchen fein hacken, mit Eiern und Sahne verquirlen und mit Salz und Pfeffer würzen. Die Eiersahne zu den Kartoffeln geben und zügig untermengen. Bei milder Hitze ca. 15 Min. braten, bis die Tortilla eine feste Konsistenz annimmt. Mithilfe eines Tellers wenden, ca. 5 Min. fertig backen und mit 2 EL Öl bepinseln.

TORTILLA MIT PAPRIKA UND ROSMARIN

500 g vorwiegend festkochende Kartoffeln / 6 EL Olivenöl / 1 Zwiebel / 1 rote Paprika / 1 Zweig Rosmarin / Salz / Pfeffer / 8 Eier / 8 EL Sahne

Kartoffeln in dünne Scheiben schneiden und in einer großen, beschichteten Pfanne mit 4 EL Öl bei milder Hitze unter Wenden ca. 5 Min. anbraten. Zwiebel in kleine Würfel, Paprika in feine Streifen schneiden. Rosmarinnadeln fein hacken. Alles zu den Kartoffeln geben und weitere 7–10 Min. unter Wenden braten. Salzen und pfeffern.

Eier und Sahne verquirlen, zu den Kartoffeln geben und zügig untermengen. Bei milder Hitze ca. 15 Min. braten, bis die Tortilla eine feste Konsistenz annimmt. Mithilfe eines Tellers wenden, ca. 5 Min. fertig backen und mit 2 EL Öl bepinseln.

SÜSSKARTOFFEL-TORTILLA MIT KIRSCHTOMATEN

500 g Süßkartoffel / 2 Frühlingszwiebeln / 1 Knoblauchzehe / 6 EL Olivenöl / Salz / Pfeffer / 12 Kirschtomaten / 8 Eier / 50 g Parmesan

Süßkartoffeln in ca. 1,5 cm große Würfel, Frühlingszwiebeln in Ringe schneiden. Knoblauch fein hacken. 4 EL Öl in einer großen, beschichteten Pfanne erhitzen, Süßkartoffeln bei milder Hitze unter Wenden ca. 5 Min. anbraten, Zwiebeln und Knoblauch zufügen und weitere 6–8 Min. braten. Salzen und pfeffern. Kirschtomaten halbieren und mit den Kartoffeln in eine mit Backpapier ausgelegte Auflaufform füllen.

Eier verquirlen, Parmesan darüber reiben. Mit Salz und Pfeffer abschmecken. Eier-Käse-Sauce in die Auflaufform gießen und alles vermengen. Tortilla im Ofen bei 160 °C 15–20 Min. goldbraun backen. Mit 2 EL Öl bepinseln.

FRITTATA MIT ZUCCHINI, ERBSEN UND FETA

6 EL Olivenöl / 500 g Zucchini / 2 Schalotten / 2 Knoblauchzehen / 6 Stiele Minze / 250 g TK-Erbsen / Salz / Pul Biber / 8 Eier / 150 g Feta

4 EL Öl in einer großen ofenfesten Pfanne erhitzen. Zucchini in feine Stifte hobeln, Schalotten fein würfeln. Beides in der Pfanne bei mittlerer Hitze 3 Min. braten. Knoblauch hacken und kurz mitbraten. Minzblätter mit den Erbsen hinzufügen und mit Salz und Pul Biber würzen.

Eier verquirlen, Feta grob zerbröseln. Beides in die Pfanne geben, alles vermengen und im Ofen bei 180 °C 15 Min. backen. Mit 2 EL Öl bepinseln.

MEIN ♥-REZEPT

QUICHE

QUICHE LORRAINE

Für den Teig: 125 g Butter / 1 Ei / 250 g Mehl Typ 550 / 2 Pr. Salz / 3 EL Wasser

Für die Füllung: 3 Zwiebeln / 200 g durchwachsener Speck / 2 EL Olivenöl / 200 g Crème fraîche / 1 Ei / 1 TL Muskat / Salz / Pfeffer / 150 g Bergkäse (z. B. Gruyère)

Für den Teig Butter klein würfeln und mit Ei, Mehl, Salz und 3 EL Wasser in einer Schüssel zu einem glatten Teig kneten. Mind. 60 Min. in Frischhaltefolie gewickelt in den Kühlschrank legen. Quicheform buttern und mehlen. Teig auf einer bemehlten Arbeitsfläche 3 mm dick ausrollen, in die Form legen und den überstehenden Rand abtrennen.

Für die Füllung Zwiebeln und Speck klein würfeln. Speck in einer Pfanne anbraten und in eine Schüssel geben. Öl in die Pfanne gießen, die Zwiebeln darin glasig dünsten und in die Schüssel geben. Mit Crème fraîche und Ei verrühren und mit Muskat, Salz und Pfeffer abschmecken.

Käse auf den Teig reiben, die Füllung darüber verteilen und die Quiche im Ofen bei 180 °C 30 – 35 Min. goldgelb backen.

MÖHREN-ZUCCHINI-LAUCH-QUICHE

200 g Crème fraîche / 1 Ei / 150 g Ziegenkäse / 3 Möhren / 1 Zucchini / 1 Stange Lauch / 2 EL Olivenöl / Salz / Pfeffer / Quicheteig / 1 EL Pinienkerne

Crème fraîche, Ei und Ziegenkäse in einer großen Schüssel mischen. Möhren, Zucchini und Lauch in feine Streifen schneiden und nach und nach in einer Pfanne mit Öl andünsten. Unter die Käsecreme rühren und mit Salz und Pfeffer abschmecken.

In die Quicheform mit dem Teig füllen, mit Pinienkernen bestreuen und im Ofen bei 180 °C 30 – 35 Min. goldgelb backen.

KIRSCHTOMATEN-QUICHE

4 Schalotten / 1 Knoblauchzehe / 4 Zweige Thymian / 2 EL Olivenöl / 400 g Kirschtomaten / 1 EL Rohrohrzucker / 20 ml Portwein / 200 g Crème fraîche / 1 Ei / 150 g Ziegenkäse / Salz / Pfeffer / Quicheteig / 1 EL Pinienkerne / 2 EL Kapernäpfel

Schalotten in Spalten schneiden, Knoblauch fein hacken. Beides mit den Thymianblättchen in einer großen Pfanne mit Öl glasig dünsten. Tomaten halbieren, zugeben und kurz mitbraten. Mit Zucker karamellisieren und mit Portwein ablöschen.

Crème fraîche, Ei und Ziegenkäse verrühren, salzen, pfeffern und in die Form mit dem Teig streichen. Füllung darauf verteilen, mit Pinienkernen bestreuen, mit Kapernäpfeln belegen und im Ofen bei 180 °C 30–35 Min. goldgelb backen.

RÄUCHERLACHS-QUICHE

200 g Räucherlachs / 15 Kirschtomaten / 200 g Crème fraîche / 1 Ei / 150 g geriebener Emmentaler / 1 Brokkoli / 1 Zwiebel / 1 Knoblauchzehe / 2 EL Olivenöl / Salz / Pfeffer / Quicheteig / 1 EL Mandelblättchen

Lachs in Streifen schneiden, Tomaten halbieren. Beides mit Crème fraîche, Ei und Käse in einer großen Schüssel mischen. Die Brokkoliröschen vom Strunk trennen und in Salzwasser 3–5 Min. bissfest garen.

Zwiebel und Knoblauch klein würfeln, mit dem Brokkoli in einer Pfanne mit Öl anbraten und in die Schüssel geben. Alles verrühren, salzen und pfeffern und in die Quicheform mit dem Teig füllen. Mit Mandelblättchen bestreuen und im Ofen bei 180 °C 30–35 Min. goldgelb backen.

SPINAT-SCHAFSKÄSE-QUICHE

500 g Blattspinat / 1 Zwiebel / 1 Knoblauchzehe / 2 EL Olivenöl / 200 g Ricotta / 50 g geriebener Emmentaler / 1 Ei / 1 TL Muskat / Salz / Pfeffer / 150 g Feta / Quicheteig / 1 EL Sonnenblumenkerne

Spinat in Salzwasser 3–5 Min. kochen, abgießen und kalt abschrecken. Blätter ausdrücken und grob hacken. Zwiebel und Knoblauch klein würfeln, mit dem Spinat in einer Pfanne mit Öl andünsten und in eine Schüssel geben. Mit Ricotta, Käse und Ei vermischen und mit Muskat, Salz und Pfeffer abschmecken. Feta klein würfeln und untermischen.

Füllung in die Quicheform mit dem Teig geben, mit Sonnenblumenkernen bestreuen und im Ofen bei 180 °C 30–35 Min. goldgelb backen.

OMELETTE

MEIN ♥-REZEPT

1 KRÄUTER-OMELETTE

8 Eier / 120 g Sahne / 40 g Butter / 2 Handvoll frische Kräuter (z. B. Petersilie, Estragon, Dill, Kerbel, Schnittlauch, Rucola) / Salz / Pfeffer / 50 g Parmesan

Eier und Sahne mit dem Schneebesen verrühren. Butter in einer großen beschichteten Pfanne zerlassen, Kräuter zugeben und bei starker Hitze unter Rühren kurz zusammenfallen lassen. Mit Salz und Pfeffer würzen.

Eiersahne zugießen und bei mittlerer Hitze ohne Rühren ca. 4 Min. stocken lassen. Omelette wenden und 1 Min. weiter braten. Parmesan über das Omelette hobeln.

2 TOMATEN-OMELETTE MIT SPECK

1 Zwiebel / 2 Tomaten / 8 Eier / 120 g Sahne / Salz / Pfeffer / 8 Scheiben Bacon / 2 EL Olivenöl

Zwiebel würfeln. Tomaten klein schneiden. Eier und Sahne verrühren, mit Salz und Pfeffer würzen. Den Bacon anbraten und beiseite legen.

Öl in die Pfanne geben, Tomaten und Zwiebel anbraten. Eiersahne zugießen und bei mittlerer Hitze ohne Rühren ca. 4 Min. stocken lassen. Omelette wenden und 1 Min. weiter braten. Mit dem Bacon belegen.

3 KARTOFFEL-KRÄUTER-OMELETTE

4 kleine Kartoffeln / 1 Zwiebel / 40 g Butterschmalz / Salz / Pfeffer / 8 Eier / 120 g Sahne / ½ Bund Schnittlauch

Kartoffeln reiben, in ein Küchentuch geben und sanft auswringen. Zwiebel fein würfeln. Schmalz in einer großen beschichteten Pfanne erhitzen, die Kartoffeln darin stark anbraten. Sobald die Ränder anfangen braun zu werden, Hitze reduzieren und die Kartoffeln wenden. Zwiebeln, Salz und Pfeffer hinzufügen und 5–8 Min. ausbacken.

Eier und Sahne verrühren, über die Kartoffeln gießen und ohne Rühren ca. 4 Min. stocken lassen. Omelette wenden und 1 Min. weiter braten. Schnittlauch fein hacken, und auf das noch leicht flüssige Omelette streuen und mitgaren.

4 OMELETTE MIT KIRSCHTOMATEN UND ZIEGENKÄSE

12 Kirschtomaten / 2 Frühlingszwiebeln / 40 g Butter / 1 TL Zucker / 8 Eier / 4 EL Ziegenfrischkäse / Fleur de Sel / Pfeffer

Kirschtomaten vierteln. Frühlingszwiebeln in feine Ringe schneiden. Beides mit der Butter in einer beschichteten Pfanne ca. 1 Min. anbraten, mit dem Zucker karamellisieren.

Eier verquirlen, in die Pfanne gießen und bei mittlerer Hitze ohne Rühren ca. 4 Min. stocken lassen. Omelette wenden und 1 Min. weiter braten. Ziegenkäse auf das noch leicht flüssige Omelette zerbröseln und mitgaren. Mit Salz und Pfeffer würzen.

5 KRABBEN-OMELETTE

8 Eier / 120 g Sahne / Salz / Pfeffer / 4 Zweige Dill / 3 EL Butter / 125 g Krabben

Eier und Sahne verrühren, mit Salz und Pfeffer würzen und die Dillblättchen hineinrühren.

Butter in einer großen beschichteten Pfanne zerlassen, Eiersahne hineingießen und bei mittlerer Hitze ohne Rühren ca. 4 Min. stocken lassen. Omelette wenden und 1 Min. weiter braten. Die Krabben auf das noch leicht flüssige Omelette geben und mitgaren.

STRAMMER MAX

STRAMMER MAX

4 dicke Scheiben Bauernbrot / 60 g Butter / 4 Salatblätter / 8 Scheiben würziger Bauernschinken / 4 Essiggurken / 4 Eier / Salz / Pfeffer / ½ Bund Schnittlauch

Brotscheiben mit 40 g Butter bestreichen und mit je 1 Salatblatt und 2 Scheiben Schinken belegen. Essiggurken in längliche Scheiben schneiden und Brote damit belegen.

20 g Butter in einer beschichteten Pfanne zerlassen, 4 Eier darin bei mittlerer Hitze braten und salzen. Brote mit den Spiegeleiern belegen, mit Pfeffer würzen. Schnittlauch in feine Röllchen schneiden und über den Strammen Max streuen.

STRAMMER VEGGIE

1 rote Paprika / 1 gelbe Paprika / 1 Zucchini / 1 Knoblauchzehe / 2 Zweige Thymian / 8 EL Olivenöl / 4 dicke Scheiben Bauernbrot / 1 Handvoll Rucola / 2 Strauchtomaten / 2 Scheiben Mozzarella / 20 g Butter / 4 Eier / Fleur de Sel / Pfeffer

Paprika quer in Ringe, Zucchini schräg in Scheiben schneiden. Knoblauch hacken. Alles mit Thymianblättern in einer Pfanne mit 4 EL Öl anbraten. Brotscheiben mit 4 EL Öl beträufeln und im Ofen bei 200 °C ca. 5 Min. rösten. Rucola und das Schmorgemüse darauf verteilen.

Tomaten und Mozzarella in feine Scheiben schneiden. Brote damit belegen und im Ofen ca. 5 Min. überbacken, bis der Mozzarella schmilzt. Butter in einer beschichteten Pfanne zerlassen, 4 Eier darin bei mittlerer Hitze braten und salzen. Brote mit den Spiegeleiern belegen, mit Pfeffer würzen.

MEIN ♥-REZEPT

STRAMMER MAXIMILIANO

4 breite Scheiben Ciabatta / 60 g Butter / 1 Handvoll Rucola / 8 dünne Scheiben Parmaschinken / 2 Strauchtomaten / Fleur de Sel / Pfeffer / 1 TL Olivenöl / 4 Eier / 2 Stiele Basilikum

Ciabatta toasten, mit 40 g Butter bestreichen und mit Rucola und je 2 Scheiben Parmaschinken belegen. Tomaten in dünne Scheiben schneiden und auf den Broten verteilen. Mit Salz, Pfeffer und 1 Schuss Öl würzen.

20 g Butter in einer beschichteten Pfanne zerlassen, 4 Eier darin bei mittlerer Hitze braten und salzen. Brote mit den Spiegeleiern belegen, mit Pfeffer würzen. Basilikum fein hacken und über den Strammen Maximiliano streuen.

STRAMME FORELLE

½ Zitrone / 1 Avocado / 1 EL Olivenöl / Salz / 4 dicke Scheiben Vollkornbrot / 4 Salatblätter / 4 Forellenfilets / 1 kleiner Apfel / ¼ Salatgurke / 2 Stiele Dill / Pfeffer / 20 g Butter / 4 Eier

Saft aus Zitrone pressen und zusammen mit Avocado, Öl und Salz mit dem Stabmixer pürieren. Brotscheiben damit dick bestreichen und mit je 1 Salatblatt und 1 Forellenfilet belegen. Apfel und Gurke in feine Scheiben schneiden, auf den Forellenfilets anrichten. Dill fein hacken und mit Salz und Pfeffer über die Brote streuen.

Butter in einer beschichteten Pfanne zerlassen, 4 Eier darin bei mittlerer Hitze braten und salzen. Brote mit den Spiegeleiern belegen, mit Pfeffer würzen.

STRAMMER FRÜHLINGS-MAX

750 g weißer und grüner Spargel / 3 EL Weißweinessig / 1 EL Honig / Salz / Pfeffer / 4 EL Olivenöl / ½ Bund Schnittlauch / 8 Radieschen / 4 Scheiben Bauernbrot / 60 g Butter / 8 Scheiben gekochter Schinken / 4 Eier

Weißen Spargel in kochendem Salzwasser ca. 10–12 Min. garen, nach 7 Min. den grünen Spargel zufügen. Essig, Honig, Salz und Pfeffer verrühren, Öl kräftig unterschlagen. Schnittlauch in Röllchen, Radieschen in feine Scheiben schneiden, beides mit der Vinaigrette vermischen.

Brote mit 40 g Butter bestreichen, mit je 2 Scheiben Schinken und dem Spargel belegen. 20 g Butter in einer beschichteten Pfanne zerlassen, 4 Eier darin bei mittlerer Hitze braten, salzen und auf die Brote legen. Die Vinaigrette darüber träufeln und mit Pfeffer würzen.

WRAPS UND CRESPELLE

1 WRAP MIT HÄHNCHENBRUST UND AVOCADO

2 Hähnchenbrüste (je 150 g) / Fleur de Sel / Pul Biber / 2 EL Rapsöl / 1 Knoblauchzehe / 1 Zitrone / 1 Avocado / 4 EL Olivenöl / 1 gelbe Paprika / 1 Mini-Salatgurke / 4 Tortilla-Wraps / 8 Salatblätter

Hähnchen mit Salz und Pul Biber würzen, in der Pfanne mit Rapsöl scharf anbraten und im Ofen bei 160 °C 10 Min. fertig garen. In dünne Tranchen schneiden und beiseite legen. Knoblauch hacken. Saft aus Zitrone pressen. Beides mit dem Avocadofruchtfleisch und 2 EL Olivenöl pürieren. Paprika in feine Streifen, Gurke in feine Stifte schneiden.

Zutaten auf 4 Portionen aufteilen. Tortilla-Wraps jeweils mit Avocadocreme bestreichen, mit Salat, Gurke und Paprika belegen, salzen und mit 2 EL Olivenöl beträufeln. Hähnchen darüber verteilen und Wraps einrollen.

2 WRAP MIT FELDSALAT UND PILZEN

1 Apfel / 2 EL Pinienkerne / ½ Zitrone / 4 EL Crème fraîche / 1 Knoblauchzehe / Salz / Pfeffer / 250 g Champignons und Kräuterseitlinge / 1 Pr. Rohrohrzucker / 2 EL Olivenöl / 4 Tortilla-Wraps / 50 g Feldsalat / 30 g Parmesan

Apfel in feine Streifen schneiden. Pinienkerne in einer Pfanne rösten. Saft aus Zitrone pressen und mit Crème fraîche verrühren, Knoblauch darüber pressen und mit Salz und Pfeffer würzen. Pilze in Scheiben schneiden und in einer beschichteten Pfanne ca. 3 Min. scharf anbraten, mit Zucker karamellisieren, Öl zugeben und mit Salz und Pfeffer würzen.

Zutaten auf 4 Portionen aufteilen. Tortilla-Wraps jeweils mit Crème-fraîche-Mischung bestreichen, mit Salat, Apfel und Pilzen belegen, mit Pinienkernen bestreuen, Parmesan grob darüber reiben und einrollen.

3 CRESPELLA MIT ROASTBEEF UND WALNÜSSEN

Für den Crespella-Teig: 50 g Butter / 125 g Mehl / 250 ml Milch / 2 Eier / 1 TL Zucker / Salz

Für die Füllung: 2 EL Walnüsse / 6 EL Crème fraîche / 1 EL Meerrettich / 1 TL Honig / Pfeffer / 24 Scheiben Roastbeef / 1 Bund Rucola

Für den Teig 25 g Butter, Mehl, Milch, Eier, Zucker und 1 Pr. Salz in einer Schüssel mit dem Handmixer verquirlen und abgedeckt 30 Min. quellen lassen. Crespelle portionsweise in einer beschichteten Pfanne mit 25 g Butter bei mittlerer Hitze goldbraun backen.

Walnüsse hacken und in einer Pfanne rösten. Crème fraîche, Meerrettich und Honig verrühren, mit Salz und Pfeffer würzen.

Zutaten auf 4 Portionen aufteilen. Crespelle jeweils mit der Crème-fraîche-Mischung bestreichen, mit Roastbeef, Rucola und Walnüssen belegen, mit Pfeffer würzen und einrollen.

4 CRESPELLA MIT KÄSE UND SCHINKEN

50 g Butter / 30 g Mehl / 250 ml Milch / Muskat / Salz / Pfeffer / 150 g gekochter Schinken / 100 g Mozzarella / 2 Frühlingszwiebeln / 1 Bund Basilikum / 80 g Parmesan / 150 g Crème fraîche / Crespella-Teig / 80 ml Tomatensugo (S. 144)

30 g Butter in einem Topf erhitzen, erst Mehl, dann Milch unter Rühren zugeben und 5 Min. köcheln lassen. Mit Muskat, Salz und Pfeffer würzen. Schinken und Mozzarella würfeln, Zwiebeln in Ringe schneiden, Basilikum hacken. 50 g Parmesan reiben. Alles zusammen mit Crème fraîche unter die Béchamelsauce rühren.

Zutaten auf 4 Portionen aufteilen. Crespelle jeweils großzügig mit Sauce bestreichen, einrollen und nebeneinander in eine gefettete Auflaufform legen. 30 g Parmesan darüber reiben, mit 20 g Butter in Flöckchen belegen und mit Tomatensugo begießen. Im Ofen bei 180 °C 15 – 20 Min. überbacken.

5 CRESPELLA MIT BIRNE UND ZIEGENKÄSE

2 EL Pinienkerne / 4 getrocknete Feigen / 150 g Ziegenfrischkäse / 1 EL Honig / Salz / Pfeffer / 1 Birne / 4 EL Olivenöl / 2 EL Rohrohrzucker / 1 Radicchio / 2 EL Aceto Balsamico / Crespella-Teig / 40 g Parmesan / 100 g Sahne

Pinienkerne rösten. Feigen klein würfeln. Ziegenkäse, Honig, Salz und Pfeffer verrühren. Birne in Spalten schneiden, mit 1 EL Öl in einer Pfanne andünsten und mit 1 EL Zucker karamellisieren, herausnehmen. Radicchioblätter in der Pfanne mit 3 EL Öl schmoren, mit 1 EL Zucker karamellisieren, mit Essig ablöschen und einköcheln lassen. Feigen, Birnen und Pinienkerne untermischen.

Zutaten auf 4 Portionen aufteilen. Crespelle jeweils mit Ziegenkäse bestreichen, mit Radicchio belegen und einrollen. In eine gefettete Auflaufform legen. Parmesan reiben, 1 EL davon mit Sahne aufkochen und über die Crespelle gießen. Mit restlichem Parmesan bestreuen und im Ofen bei 170 °C ca. 15 Min. überbacken.

MEIN ♥-REZEPT

SANDWICHES

CLUB-SANDWICH

½ Bio-Zitrone / 20 g Ingwer / 1 kleine Chilischote / 200 g Hühnchenbrustfilet / Salz / 2 Fleischtomaten / ¼ Salatgurke / 2 EL Salatmayonnaise / 2 EL Crème fraîche / 2 Spritzer Tabasco / 8 Scheiben Bacon / 4 Eier / Pfeffer / 12 Scheiben Sandwichtoast / 8 grüne Salatblätter / 1 EL Butter

Zitroneschale mit dem Sparschäler abziehen. Ingwer in feine Scheiben, Chilischote in feine Streifen schneiden. Alles mit dem Fleisch in einem Topf mit Salzwasser 15 Min. bei schwacher Hitze garen. Fleisch herausnehmen und in Scheiben schneiden.

Tomaten und Gurke in Scheiben schneiden. Mayonnaise, Crème fraîche und Tabasco verrühren. Bacon in einer Pfanne knusprig ausbraten, auf Küchenpapier abtropfen lassen. Aus den Eiern Spiegeleier zubereiten, salzen und pfeffern. Toasts hellbraun rösten.

Zutaten auf 4 Portionen aufteilen, je Sandwich wie folgt schichten: Toast, Mayonnaise-Creme, Salat, Tomate, Gurke, Fleisch, Toast, Butter, Salat, Bacon, Spiegelei und Toast.

THUNFISCH-SANDWICH

2 Dosen Thunfisch (à 100 g) / 1 Stange Frühlingslauch / 2 Stiele Petersilie / 2 EL Kapern / ¼ Zitrone / 4 EL Salatmayonnaise / 4 EL Crème fraîche / 2 Eier / Salz / Pfeffer / 8 Salatblätter / 2 Tomaten / ¼ Salatgurke / 12 Scheiben Sandwichbrot

Thunfisch abtropfen lassen, zerkleinern. Frühlingslauch in feine Ringe schneiden. Petersilienblättchen und Kapern fein hacken. Saft aus der Zitrone auspressen. Alles mit Mayonnaise und Crème fraîche verrühren und mit Salz und Pfeffer würzen. Eier in siedendem Wasser hart kochen, pellen und mit Tomaten und Gurke in dünne Scheiben schneiden.

Zutaten auf 4 Portionen aufteilen, je Sandwich wie folgt schichten: Toast, Thunfischpaste, Salat, Ei, Tomate, Gurke, Toast, Thunfischpaste, Salat, Ei, Tomate, Gurke und Toast.

MEDITERRANES SANDWICH

1 Aubergine / Salz / 4 EL Olivenöl / 3 Strauchtomaten / 250 g Mozzarella / 4 Ciabatta-Brötchen / 4 EL Basilikumpesto (S. 141) / 1 Handvoll Rucola / 4 Stiele Basilikum / Fleur de Sel / Pfeffer

Aubergine in etwa 1 cm dicke Scheiben schneiden, salzen und eine Weile ziehen lassen. Beschichtete Pfanne mit 2 EL Öl erhitzen, Auberginen darin bei mittlerer Hitze 6–8 Min. braten. Tomaten und Mozzarella in Scheiben schneiden. Brötchen längs halbieren, im Toaster rösten.

Zutaten auf 4 Portionen aufteilen, je Sandwich wie folgt schichten: Brötchensockel, Pesto, Rucola, Aubergine, Tomate, Mozzarella, Basilikum, Salz, Pfeffer, Öl und Brötchendeckel.

SPANISCHES BOCADILLO

250 g Strauchtomaten / 2 Knoblauchzehen / 4 EL Olivenöl / Salz / Pfeffer / 4 Baguette-Brötchen / 100 g Manchego / 8 Scheiben Serrano

Tomaten häuten, das Fruchtfleisch in Stücke schneiden. Knoblauch hacken. Beides zusammen mit 3 EL Öl mit dem Stabmixer fein zerkleinern und mit Salz und Pfeffer abschmecken. Brötchen längs halbieren, im Toaster anrösten. Manchego in dünne Scheiben hobeln.

Zutaten auf 4 Portionen aufteilen, je Sandwich wie folgt schichten: Brötchensockel, Tomatenpüree, Manchego, Serrano, Öl, Pfeffer, Tomatenpüree und Brötchendeckel.

SKANDINAVISCHES VOLLKORN-SANDWICH

2 Avocados / ½ Zitrone / 150 g Doppelrahmfrischkäse / Salz / Pfeffer / 2 Eier / 4 Salatblätter / ¼ Salatgurke / 8 Scheiben Vollkornbrot / 200 g Räucherlachs

Das Fruchtfleisch aus 1 Avocado lösen, Saft aus der Zitrone pressen. Beides mit Frischkäse pürieren und mit Salz und Pfeffer würzen. Eier hart kochen, pellen, fein hacken und untermengen. Gurke und 1 Avocado in Scheiben schneiden. Die Avocado mit Zitronensaft beträufeln.

Zutaten auf 4 Portionen aufteilen, je Sandwich wie folgt schichten: Brotscheibe, Avocadocreme, Salat, Lachs, Gurke, Avocadoscheiben, Salz, Avocadocreme und Brotscheibe.

BROT

1 RUSTIKALES BAGUETTE

400 g Weizenmehl Typ 550 / 100 g Roggenmehl Typ 1150 / 10 g frische Hefe / 1 EL Salz

Mehl in eine große Schüssel geben, Hefe darüber zerbröseln. 350 ml Wasser und Salz zugeben und alles gut verkneten, bis der Teig elastisch ist und sich vom Teigrand löst. Zu einer Kugel formen und in der Schüssel abgedeckt an einem warmen Ort mind. 1 Std. gehen lassen.

Teig auf eine bemehlte Arbeitsfläche geben und in 3 Stücke teilen. Jedes Drittel zu Brotstangen rollen, mit Mehl bestäuben und auf ein mit Backpapier ausgelegtes Blech legen. Mit einem Küchentuch bedeckt 1 Std. gehen lassen. Brotstangen mit einem Messer einschneiden und im Ofen bei 230 °C (Ober-/Unterhitze) 15 – 17 Min. goldbraun backen.

2 WALNUSS-ROSINEN-BROT

50 g Rosinen / 3 EL Rum / 100 g Walnusskerne / 400 g Weizenmehl Typ 550 / 100 g Roggenmehl Typ 1150 / 10 g frische Hefe / 1 EL Salz

Rosinen in Rum einlegen, Walnusskerne grob hacken. Mehl in eine große Schüssel geben, Hefe darüber zerbröseln. 350 ml Wasser und Salz zugeben und alles gut verkneten, bis der Teig elastisch ist und sich vom Teigrand löst. Kurz vor Ende der Knetzeit Rosinen und Walnüsse zugeben. Den Teig zu einer Kugel formen und in der Schüssel abgedeckt an einem warmen Ort mind. 1 Std. gehen lassen.

Teig auf eine bemehlte Arbeitsfläche geben und in 3 Stücke teilen. Jedes Drittel zu Brotstangen rollen, mit Mehl bestäuben und auf ein mit Backpapier ausgelegtes Blech legen. Mit einem Küchentuch bedeckt 1 Std. gehen lassen. Brotstangen mit einem Messer einschneiden und im Ofen bei 230 °C (Ober-/Unterhitze) 15–17 Min. goldbraun backen.

3 INDISCHES NAAN-BROT

75 ml Milch / 15 g frische Hefe / 1 EL Zucker / 250 g Mehl / 75 g Joghurt (3,5 % Fett) / 1 EL Sonnenblumenöl / ½ TL Salz / 1 Ei

In einer großen Schüssel Milch, Hefe und ½ EL Zucker verrühren, abdecken und an einem warmen Ort ca. 20 Min. gehen lassen.

Mehl, Joghurt, Öl, Salz, ½ EL Zucker und das Ei in die Schüssel geben und alles mit dem Handmixer 10 Min. verkneten. Wenn der Teig glatt ist, zu einer Kugel formen und in einer abgedeckten Schüssel an einem warmen Ort 1 Std. gehen lassen.

Teig durchkneten, in 6 Stücke teilen und diese auf der bemehlten Arbeitsfläche zu dünnen Fladen ausrollen. Eine große beschichtete Pfanne erhitzen und die Brote darin von beiden Seiten braten.

4 BURGER BUNS

20 g frische Hefe / 20 g Zucker / 2 Eier / 250 g Mehl / 100 ml Milch / 1 TL Salz / 20 g Butter / 2 EL Sesamsamen

Hefe auf einem tiefen Teller fein zerbröseln, Zucker darüber streuen und 5 Min. auflösen lassen.

1 Ei trennen. Das Eigelb mit Mehl, Milch, Salz, Butter und 1 weiteres Ei in eine große Schüssel geben und verkneten. Die Hefe unterrühren und den Teig 1 Std. zugedeckt an einem warmen Ort gehen lassen.

Aus dem Teig 6 Kugeln formen, auf ein mit Backpapier ausgelegtes Blech legen und leicht flach drücken. 30 Min. abgedeckt gehen lassen. Mit Eiweiß bestreichen, mit Sesam bestreuen und im Ofen bei 250 °C (Ober-/Unterhitze) ca. 20 Min. goldbraun backen.

5 DINKELVOLLKORNBROT

42 g frische Hefe / 80 g Sonnenblumenkerne / 150 g Weizenmehl Typ 550 / 350 g Dinkelvollkornmehl / 100 g Sesamsamen / 1 EL Zucker / 1 TL Salz / 2 EL Butter

500 ml lauwarmes Wasser in eine große Schüssel geben, Hefe hineinbröseln und mit einem Schneebesen verrühren. Sonnenblumenkerne in einer Pfanne rösten. Mit Mehl, Sesam, Zucker und Salz zum Hefewasser geben und mit dem Handmixer zu einem glatten Teig verkneten.

Eine Kastenform mit Butter einfetten, den Teig hineinfüllen und in den kalten Ofen stellen. Auf 180 °C (Ober-/Unterhitze) erhitzen und das Brot 70 Min. goldbraun backen.

MEIN ♥-REZEPT

SAUCEN

PESTO

1 BASILIKUMPESTO

1 Knoblauchzehe / 50 g Parmesan / 3 Bund frisches Basilikum / 40 g Pinienkerne / 150 ml Olivenöl / Salz / Pfeffer

Die Knoblauchzehe klein schneiden. Den Parmesan reiben. Beides zusammen mit den Basilikumblättern, Pinienkernen und Öl in einen Zerkleinerer oder Mörser geben und gründlich pürieren. Mit Salz und Pfeffer abschmecken.

3 STEINPILZPESTO

50 g getrocknete Steinpilze / 3 Schalotten / 180 ml Rapsöl / 2 Stiele glatte Petersilie / ½ Zitrone / 60 g Parmesan / 30 g gemahlene Mandeln / 1 Pr. Zucker / Fleur de Sel / schwarzer Pfeffer

Pilze mit 150 ml warmem Wasser ca. 20 Min. quellen lassen. Den Fond durch ein Sieb in eine Schale gießen und aufbewahren. Pilze gut ausdrücken und grob schneiden.

Schalotten würfeln und in einer Pfanne mit 30 ml Öl glasig dünsten. Petersilie mit den Stielen fein hacken. 1 TL Saft aus der Zitrone pressen. Parmesan klein schneiden.

Alle Zutaten mit den Mandeln und 150 ml Öl in den Zerkleinerer oder Mörser geben und fein pürieren. Mit Zucker, Salz und Pfeffer abschmecken.

2 WALNUSS-KRÄUTER-PESTO

80 g Walnusskerne / 1 Bio-Zitrone / 40 g Feta / 1 Knoblauchzehe / 80 ml Olivenöl / 2 Stiele Basilikum / 2 Stiele glatte Petersilie / Salz / schwarzer Pfeffer

Walnüsse auf ein mit Backpapier ausgelegtes Backblech legen und bei 170 °C 5–6 Min. rösten. Herausnehmen und abkühlen lassen.

Die Schale von der Zitrone abreiben. Feta zerbröseln. Knoblauchzehe würfeln. Alle Zutaten mit dem Öl und den Kräutern mit einem Stabmixer grob pürieren. Salzen und pfeffern.

4 BÄRLAUCHPESTO

2 Bund Bärlauch / 1 Knoblauchzehe / 60 g Mandeln / 100 ml Olivenöl / 100 ml Pflanzenöl (z. B. Rapsöl, Sonnenblumenöl, Kürbiskernöl) / 40 g Pecorino / Meersalz / schwarzer Pfeffer / 1 TL Honig

Bärlauch grob hacken. Knoblauch fein würfeln. Die Mandeln in einer beschichteten Pfanne etwa 5 Min. rösten.

Alles mit den Ölen in eine Schüssel geben und mit dem Stabmixer fein pürieren. Käse darüber reiben und gut untermischen. Mit Salz, Pfeffer und Honig abschmecken.

5 TOMATENPESTO

250 g getrocknete Tomaten (in Öl eingelegt) / 1 Tomate / 1 Knoblauchzehe / 50 g Rucola / 50 g Parmesan / 30 g gemahlene Mandeln / 100 ml Olivenöl / 1 TL edelsüßes Paprikapulver / Salz / Pfeffer / 1 Pr. Rohrohrzucker

Die getrockneten Tomaten abtropfen lassen und klein schneiden. Die Tomate grob, den Knoblauch fein würfeln. Rucola grob hacken, Parmesan in kleine Stücke schneiden.

Alle Zutaten mit den Mandeln, Öl und Paprikapulver in eine Rührschüssel geben und mit dem Stabmixer pürieren. Mit Salz, Pfeffer und Zucker abschmecken.

SALSA

1 TOMATENSALSA

4 Strauchtomaten / 1 Schalotte / 1 Knoblauchzehe / 2 Stiele Basilikum / 1 EL Balsamico Bianco / 3 EL Olivenöl / Fleur de Sel / Pfeffer

Tomaten, Schalotte und Knoblauch fein würfeln. Basilikum fein hacken. Alle Zutaten mit Essig und Öl marinieren und mit Salz und Pfeffer abschmecken und mind. 15 Min. durchziehen lassen.

2 TOMATEN-OLIVEN-SALSA

4 Strauchtomaten / 1 kleine rote Zwiebel / 1 Knoblauchzehe / 12 schwarze Oliven ohne Kern (z. B. Kalamata) / 1 EL Balsamico Bianco / 3 EL Olivenöl / Fleur de Sel / Pfeffer

Tomaten, Zwiebel und Knoblauch fein würfeln. Oliven quer in feine Scheiben schneiden. Alle Zutaten mit Essig und Öl marinieren und mit Salz und Pfeffer würzig abschmecken. Mind. 15 Min. durchziehen lassen.

3 AVOCADO-ANANAS-SALSA

1 Salatgurke / ½ Ananas / 1 Avocado / 1 Schalotte / ½ Zitrone / 3 EL Olivenöl / Fleur de Sel / Pul Biber

Die Gurke entkernen und mit der Ananas, der Avocado und der Schalotte in feine Würfel schneiden. Alles in eine Schüssel geben. Zitrone auspressen und Saft mit dem Öl hinzugießen. Salat durchmischen und mit Salz und Pul Biber würzig abschmecken.

MEIN ♥-REZEPT

4 ANANAS-RELISH

2 kleine rote Zwiebeln / ½ Ananas / 1 EL Weißweinessig / 2 EL Olivenöl / 2 EL Honig / 1 TL edel-süßes Paprikapulver / Meersalz / Cayennepfeffer

Zwiebeln in kleine Stücke schneiden. Ananas würfeln. Beides mit Essig, Öl, Honig und dem Paprikapulver in einen Topf geben und bei mittlerer Hitze 10 Min. einkochen lassen. Mit Salz und Pfeffer abschmecken.

5 MANGO-PAPRIKA-SALSA

1 große Mango / 1 rote Paprika / 1 grüne Paprika / 2 Frühlingszwiebeln / 1 grüne Chilischote / 4 Stiele Koriander / ½ Limette / 2 EL Olivenöl / Salz / Pfeffer

Mango und Paprika klein würfeln. Frühlingszwiebeln und Chilischote in feine Ringe schneiden. Koriander fein hacken, Limette auspressen. Alles in eine Schüssel geben und vermischen. Mit Öl, Salz und Pfeffer würzen und den Salat mind. 15 Min. durchziehen lassen.

SUGO

TOMATENSUGO

1 große Zwiebel / 1 Knoblauchzehe / 4 EL Olivenöl / 1 TL Zucker / 1 EL Tomatenmark / 50 ml Weißwein / 2 Dosen stückige Tomaten (je 400 g) / Salz / Pfeffer

Zwiebel und Knoblauch fein würfeln und in einem Topf mit Öl glasig dünsten. Mit Zucker karamellisieren. Tomatenmark zufügen, kurz mitdünsten und mit Wein ablöschen.

Tomaten in den Topf geben. Sugo unter Rühren bei milder Hitze zugedeckt ca. 15 Min. köcheln lassen. Mit dem Stabmixer pürieren und mit Salz und Pfeffer würzig abschmecken.

TOMATEN-ZIMT-SUGO

1 große Zwiebel / 1 Knoblauchzehe / 4 EL Olivenöl / 1 TL Zucker / ½ rote Chilischote / 1 EL Tomatenmark / 50 ml Portwein / 2 Dosen stückige Tomaten (je 400 g) / 2 Pr. Zimt / Salz / Pfeffer

Zwiebel und Knoblauch fein würfeln und in einem Topf mit Öl glasig dünsten. Mit Zucker karamellisieren. Chilischote fein hacken, mit dem Tomatenmark zufügen und kurz mitdünsten. Mit Portwein ablöschen.

Tomaten in den Topf geben. Sugo unter Rühren bei milder Hitze zugedeckt ca. 15 Min. köcheln lassen. Mit dem Stabmixer pürieren und mit Zimt, Salz und Pfeffer würzig abschmecken.

PAPRIKASUGO

3 gelbe Paprika / 4 EL Olivenöl / 1 Zwiebel / 2 Knoblauchzehen / 2 TL Zucker / 1 TL edelsüßes Paprikapulver / 2 EL Weißweinessig / Salz / Pfeffer

Paprika in grobe Stücke schneiden und in einem Topf mit Öl 3–4 Min. anbraten. Zwiebel und Knoblauch fein würfeln und 2 Min. mitbraten. Zucker und Paprikapulver unterrühren, mit Essig, Salz und Pfeffer abschmecken. Zugedeckt ca. 10 Min. köcheln lassen. Sugo mit dem Stabmixer pürieren.

SUGO ALL'ARRABBIATA

150 g durchwachsenen Speck / 1 große Zwiebel / 2 Knoblauchzehen / 2 EL Olivenöl / 1 TL Zucker / 2 Chilischoten / 2 Dosen stückige Tomaten (je 400 g) / Salz / Pfeffer

Speck, Zwiebel und Knoblauch fein würfeln, in einem Topf mit Öl glasig dünsten und mit Zucker karamellisieren. Chilischoten halbieren und mit den Tomaten in den Topf geben. Sugo unter Rühren bei milder Hitze zugedeckt ca. 15 Min. köcheln lassen.

Chilischoten entfernen. Sugo mit dem Stabmixer pürieren und mit Salz und Pfeffer würzig abschmecken.

Je nach Geschmack etwas gekochte Chilischote fein gehackt unterrühren.

TOMATEN-AUBERGINEN-SUGO

3 Zwiebeln / 1 Knoblauchzehe / 1 rote Chilischote / 4 EL Olivenöl / 2 Stangen Staudensellerie / 1 Möhre / 1 EL Tomatenmark / 1 TL Zucker / 200 ml Rotwein / 2 Dosen stückige Tomaten (je 400 g) / 1 Aubergine / Salz

Zwiebeln und Knoblauch in feine Würfel, Chilischote in feine Ringe schneiden. Alles in einem hitzebeständigen Topf mit 2 EL Öl 3 Min. anbraten. Sellerie und Möhre klein schneiden und 5 Min. mitdünsten. Tomatenmark und Zucker einrühren, mit Rotwein ablöschen und alles einkochen lassen. Tomaten zugeben und Sugo zugedeckt im Ofen bei 150 °C 1 Std. schmoren.

Aubergine würfeln, salzen und mind. 30 Min. ruhen lassen. Mit Küchenpapier abtupfen, in einer Pfanne mit 2 EL Öl anbraten und zum Sugo geben. 30 Min. köcheln lassen und mit dem Stabmixer pürieren.

MAYONNAISE UND CO.

1 MAYONNAISE

3 Eier / ½ Zitrone / 1 EL mittelscharfer Senf / 150 ml neutrales Öl (z. B. Raps-, Sonnenblumenöl) / Salz / Cayennepfeffer

Eier trennen, Zitrone auspressen. Den Saft mit dem Eigelb und dem Senf in eine Rührschüssel geben und 3 Min. mit dem Handmixer schaumig schlagen. 2 Min. ruhen lassen.

Das Öl in dünnem Strahl zugießen und mit dem Handmixer auf höchster Stufe solange unterrühren, bis die Mayonnaise cremig ist. Mit Salz und Pfeffer abschmecken.

3 REMOULADE

2 Schalotten / 180 g Cornichons / 2 EL Kapern Nonpareilles / 150 g Mayonnaise / 150 g Joghurt / 2 TL Senf / Salz / Pfeffer / 1 Bund Schnittlauch / 1 Bund Petersilie

Schalotten fein würfeln, in eine Schüssel geben und mit heißem Wasser bedeckt 1 Min. liegenlassen. In ein Sieb abgießen und abtropfen lassen. Cornichons fein würfeln, Kapern hacken. Alles mit Mayonnaise, Joghurt und Senf verrühren und mit Salz und Pfeffer würzen.

Schnittlauch in feine Röllchen schneiden, Petersilie hacken. Beides unter die Remoulade rühren und mind. 15 Min. im Kühlschrank ziehen lassen.

MEIN ♥-REZEPT

2 COCKTAILSAUCE

150 g Mayonnaise / 250 ml Tomatenketchup (S. 148) / 2 EL Weinbrand / 2 Spritzer Tabasco / 1 TL Meerrettich / ½ Zitrone / Salz / Pfeffer

Mayonnaise mit Ketchup, Weinbrand, Tabasco und Meerrettich in einer Schüssel verrühren. Zitrone hineinpressen und die Sauce mit Salz und Pfeffer würzen.

4 KRESSE-REMOULADE

150 g Joghurt / 150 g Mayonnaise (S. 146) / 6 Eier / 1 rote Zwiebel / 100 g Cornichons / 2 Beete Kresse / Salz / Pfeffer

Joghurt mit einem Schneebesen unter die Mayonnaise rühren. Eier hart kochen und fein hacken. Zwiebel und Cornichons fein würfeln. Kresse klein schneiden. Alles unter die Mayonnaise unterheben und mit Salz und Pfeffer würzen.

5 AIOLI

2 Eier / 200 ml neutrales Öl (z. B. Raps-, Sonnenblumenöl) / 3 Knoblauchzehen / ½ Zitrone / Salz / Pfeffer

Eier trennen. Das Eigelb in einer Rührschüssel mit dem Handmixer schaumig schlagen, dabei das Öl in dünnem Strahl hinzugießen. Knoblauch und die Zitrone in die Aioli pressen und umrühren. Mit Salz und Pfeffer abschmecken.

4
5
3
2
1

KETCHUP

1 TOMATENKETCHUP

½ Zitrone / 50 g passierte Tomaten / 25 g Tomatenmark / 30 g brauner Zucker / 10 ml Weißweinessig / Meersalz / Pfeffer

Zitrone auspressen und den Saft zusammen mit den Tomaten, Tomatenmark, Zucker und Essig in einen Topf geben. Erhitzen und 30 Min. unter Rühren köcheln lassen. Mit Salz und Pfeffer abschmecken.

2 APRIKOSEN-KETCHUP

1 Zwiebel / 2 Knoblauchzehen / 2 EL Olivenöl / 500 g Aprikosen / 1 rote Pfefferschote / 200 ml Weißwein / 2 EL Rohrohrzucker / Salz / Pfeffer

Zwiebel und Knoblauch fein würfeln und mit dem Öl in einem Topf bei mittlerer Hitze ca. 3 Min. dünsten. Aprikosen grob würfeln, Pfefferschote klein hacken. Beides zugeben und 2 Min. mitdünsten.

Mit dem Wein ablöschen, mit Zucker, Salz und Pfeffer würzen und bei mittlerer Hitze 15 Min. einkochen lassen. Alles fein pürieren.

3 ORIENTALISCHES KETCHUP

1 kg Tomaten / 200 g Zwiebeln / 80 g Staudensellerie / 1 rote Pfefferschote / 30 g Ingwer / 100 ml Rotweinessig / 1 Kapsel Sternanis / 1 TL Koriandersaat / 2 Gewürznelken / 1 Pr. rosenscharfes Paprikapulver / 1 TL edelsüßes Paprikapulver / 1 TL Kreuzkümmel / 100 g brauner Gelierzucker 1 : 1 / Salz / Pfeffer

Tomaten und Zwiebeln würfeln, Sellerie in dünne Scheiben schneiden. Pfefferschote und Ingwer klein hacken. Alles in einen großen Topf geben. Essig hinzugießen. Sternanis, Koriander und Nelken in ein Tee-Ei geben und mit Paprikapulver und Kreuzkümmel in den Topf hängen. Bei milder Hitze 30 Min. offen kochen lassen. Tee-Ei entfernen.

Die Gemüsemasse pürieren und durch ein Sieb streichen. Den Ketchup mit Zucker verrühren, aufkochen und bei mittlerer Hitze 30 Min. offen einkochen, dabei öfter umrühren. Salzen und pfeffern.

MEIN ♥-REZEPT

4 BARBECUESAUCE

3 Knoblauchzehen / 3 Dosen geschälte Tomaten (je 240 g) / 2 EL Tomatenmark / 6 EL brauner Zucker / 6 EL Honig / 1 Lorbeerblatt / 2 TL gemahlener Kreuzkümmel / 1 Pr. Zimt / 1 Pr. Chilipulver / 100 ml Apfelessig / 4 EL Worcester-Sauce / Salz / Pfeffer

Knoblauch fein hacken. Mit Tomaten, Tomatenmark, Zucker, Honig und den Gewürzen in einem Topf aufkochen. Tomaten zerdrücken und alles ca. 30 Min. einkochen, dabei häufig umrühren.

250 ml Wasser, Essig und Worcester-Sauce zugießen. Unter häufigem Rühren ca. 45 Min. köcheln lassen. Lorbeerblatt entfernen und mit Salz und Pfeffer abschmecken.

5 HOT CHILI SAUCE

1 Zwiebel / 3 Knoblauchzehen / 150 ml Öl / 8 Tomaten / 8 Jalapeños / ½ Zitrone / 150 ml Apfelessig / 75 g Rohrohrzucker / 2 TL Pfeffer / 4 TL Salz / 3 Nelken / 1 EL Senfkörner / 5 Pimentkörner / ½ Zimtstange / 2 Lorbeerblätter / 1 TL Stärke

Zwiebel und Knoblauch fein hacken und mit 50 ml Öl in einem Topf bei mittlerer Hitze glasig anschwitzen. Tomaten würfeln, Jalapeños klein schneiden. Beides hinzugeben und kurz mitdünsten. Zitrone auspressen, den Saft mit Essig und 100 ml Öl aufgießen, alle weiteren Zutaten (außer der Stärke) in den Topf füllen und 90 Min. köcheln lassen.

Sauce durch ein feines Sieb passieren, erneut aufkochen und 10–15 Min. köcheln lassen. Die Stärke mit kaltem Wasser glatt rühren und die Sauce damit portionsweise andicken.

AUFSTRICHE UND DIPS

1 KRÄUTERQUARK

1 Bund frische Kräuter (z. B. Schnittlauch, Petersilie, Dill, Kerbel, Kresse) / ½ Zitrone / 250 g Magerquark / 50 g Sauerrahm / 100 g Schmand / 1 TL Dijon-Senf / Salz / Pfeffer

Kräuter fein hacken. Zitrone auspressen. Alle Zutaten in eine Schüssel geben und gut verrühren. Mit Salz und Pfeffer abschmecken.

2 GUACAMOLE

2 Avocados / ½ Zitrone / 4 EL Olivenöl / 1 Schalotte / 1 Strauchtomate / Meersalz / Pul Biber

Avocados in grobe Stücke schneiden und in eine Rührschüssel geben. Zitrone darüber auspressen, Öl hineingießen und alles mit dem Stabmixer pürieren.

Schalotte fein hacken. Tomate in kleine Würfel schneiden. Beides unter die Guacamole mischen und mit Salz und Pul Biber abschmecken.

3 TOMATEN-KAPERN-FRISCHKÄSE

250 g Frischkäse / 50 g Joghurt / 4 EL Tomatenpesto (S. 141) / 1 Strauchtomate / 3 Stiele Blattpetersilie / 1 EL Kapern Nonpareilles (im Glas) / 1 EL Kapernsud / Salz / Pfeffer

Frischkäse mit Joghurt und dem Tomatenpesto in einer Schüssel glattrühren. Tomate in kleine Würfel schneiden. Petersilie und Kapern klein hacken. Alles mit dem Kapernsud zum Frischkäse geben und verrühren. Mit Salz und Pfeffer würzig abschmecken.

4 HUMMUS

1 Dose Kichererbsen (400 g) / 2 Knoblauchzehen / 1 Zitrone / 1 EL Tahin (Sesampaste) / 3 EL Olivenöl / 1 Pr. Chilipulver / 2 Pr. Kreuzkümmel / Salz / 3 Stiele Blattpetersilie

Kichererbsen und Knoblauchzehen in eine hohe Schüssel geben. Zitrone hineinpressen und alles mit einem Stabmixer fein pürieren. Tahin und Öl unterrühren. Mit Chilipulver, Kreuzkümmel und Salz pikant abschmecken. Petersilie fein hacken und unter den Hummus mischen.

5 JOGHURT-MINZ-DIP

½ Salatgurke / 4 Stiele frische Minze / 1 Knoblauchzehe / 250 g Griechischer Joghurt / 50 g Sauerrahm / 1 Schuss Weißweinessig / 1 EL Olivenöl / 1 Pr. Chilipulver / Salz

Gurke in feine Streifen schneiden, Minze und Knoblauch sehr fein hacken. Alles in eine Schüssel geben, mit Joghurt, Sauerrahm, Essig und Öl vermischen und mit Chilipulver und Salz abschmecken.

GRÜNE SAUCE

1 FRANKFURTER GRÜNE SAUCE

350 g Schmand / 350 g Sauerrahm / 50 ml Dickmilch / 1 TL mittelscharfer Senf / Salz / Pfeffer / 1 EL Weißweinessig / 2 EL Rapsöl / 250 g gemischte Kräuter (z. B. Borretsch, Kerbel, Kresse, Petersilie, Pimpinelle, Sauerampfer, Schnittlauch) / 5 Eier

Schmand, Sauerrahm, Dickmilch und Senf in einer Schüssel verrühren. Mit Salz, Pfeffer, Essig und Öl abschmecken. Kräuter sehr fein hacken und mit der Sauce verrühren. Eier hart kochen, in kleine Würfel schneiden und unter die Grüne Sauce rühren. Mind. 2 Std. im Kühlschrank ziehen lassen.

2 SALSA VERDE

1 Handvoll Rucola / 1 Bund glatte Petersilie / 4 Stiele Minze / 1 Knoblauchzehe / 5 Sardellenfilets in Öl / 2 EL Kapern / 1 TL Senf, mittelscharf / 2 EL Weißweinessig / 6 EL Olivenöl / Salz / Pfeffer

Rucola, Petersilie und Minze grob hacken. Knoblauch vierteln. Sardellen und Kapern abtropfen lassen, in kleine Stücke schneiden. Alle Zutaten zusammen mit Senf, Essig und Öl in eine hohe Rührschüssel geben und mit dem Stabmixer pürieren. Mit Salz und Pfeffer abschmecken.

3 GRÜNE KRÄUTERSAUCE

350 g Sauerrahm / 350 g Joghurt / 3 EL Rapsöl / ½ Zitrone / 250 g gemischte Kräuter (z. B. Borretsch, Kerbel, Kresse, Petersilie, Pimpinelle, Sauerampfer, Schnittlauch) / Salz / Pfeffer

Sauerrahm, Joghurt und Öl in eine hohe Rührschüssel geben. Zitrone hineinpressen. Kräuter sehr fein hacken und mit der Sauce verrühren. Alles mit dem Stabmixer pürieren und mit Salz und Pfeffer würzen. Mind. 2 Std. im Kühlschrank ziehen lassen.

4 GREMOLATA

1 Bio-Zitrone / 20 g Pinienkerne / 1 Bund Petersilie / 1 Knoblauchzehe / 6 EL Olivenöl / Salz

Die Schale der Zitrone fein abreiben. Pinienkerne in einer Pfanne rösten und mit der Petersilie fein hacken. Alles in eine Schüssel geben. Die Knoblauchzehe durch eine Knoblauchpresse drücken. Alles mit Öl vermengen und mit Salz würzen.

5 MOJO VERDE

20g blanchierte Mandeln / 2 Knoblauchzehen / 1 grüne Chilischote / ½ grüne Paprika / 1 Scheibe Weißbrot / ½ Bund Petersilie / 3 Stiele Koriander / 1 Pr. Kreuzkümmel / ½ TL Salz / 3 EL Weißweinessig / 5 EL Olivenöl

Mandeln grob hacken und in einer Pfanne rösten. Knoblauch vierteln. Chili, Paprika und Brot grob schneiden. Petersilie und Koriander grob hacken.

Alle Zutaten mit Kreuzkümmel, Salz, Essig und Öl in eine hohe Schüssel geben und mit dem Stabmixer zu einer sehr feinen Paste pürieren.

1
5
2
MEIN ♥-REZEPT
4
3

JOGHURT 156
- Joghurtcreme mit Obstsalat
- Bircher Müsli mit Joghurt und Früchten
- Joghurtschaum mit Mandel-Pistazien-Krokant
- Joghurt-Mascarpone-Trifle
- Joghurt-Mousse mit Himbeeren

MOUSSE 158
- Mousse au Chocolat
- Weiße Mousse au Chocolat
- Espresso-Mousse
- Maronen-Zimt-Mousse
- Schwarzwälder Mousse

VANILLEPUDDING 160
- Vanillepudding
- Bayrisch Creme
- Grießpudding
- Schwarzwalder Kirsch im Glas
- Crema Catalana

MILCHREIS 162
- Milchreis mit Zucker und Zimt
- Reis Trauttmansdorff
- Milchreis mit Birnenkompott
- Gebackener Milchreis mit Zimtäpfeln
- Milchreis mit Roter Grütze und Pistazien

TIRAMISU 164
- Italienisches Tiramisu
- Erdbeer-Tiramisu mit Amarettini
- Bratapfel-Nuss-Tiramisu
- Alkoholfreies Tiramisu
- Schoko-Orangen-Tiramisu

TARTE 166
- Apfel-Walnuss-Tarte
- Blaubeer-Käse-Tarte
- Zitronentarte
- Schokoladentarte
- Erdbeer-Vanille-Tarte

CRUMBLE 168
- Apple Crumble
- Kirsch-Schoko-Crumble
- Sommerbeeren-Crumble
- Rhabarber-Crumble mit Amarettini
- Zwetschgen-Crumble mit Marzipanstreuseln

MUFFINS 170
- Blaubeer-Muffins
- Zitronen-Cupcakes mit Frischkäse-Topping
- Apfel-Nuss-Muffins
- Schoko-Muffins
- Möhren-Mandel-Muffins

BLECHKUCHEN 172
- Mandel-Knusper-Kuchen
- Möhrenkuchen mit Frischkäse-Topping
- Apfel-Streuselkuchen
- Zitronenkuchen mit Guss
- Pflaumen-Schmand-Kuchen

ARMER RITTER 174
- Armer Ritter
- Süßer Ritter
- Franz-Ritter
- Speck-Ritter
- Ritter der Pommestüte

KAISERSCHMARRN 176
- Kaiserschmarrn
- Kaiserschmarrn mit Apfelkompott
- Kartoffelschmarrn
- Grießschmarrn mit Roter Grütze
- Topfenschmarrn mit Zwetschgenröster

PFANNKUCHEN 178
- Pfannkuchen
- Apfelpfannkuchen
- Speckpfannkuchen
- Lachs-Käse-Pfannkuchen
- Pancake

WAFFELN 180
- Waffeln mit heißen Kirschen
- Schoko-Nuss-Waffeln mit Preiselbeer-sahne
- Mandel-Marzipan-Waffeln
- Belgische Waffeln
- Quarkwaffeln

OBSTSALAT 182
- Bunter Obstsalat
- Exotischer Obstsalat
- Bananenquark mit Beeren
- Sommerbeeren-Pfirsich-Salat
- Erdbeer-Minz-Salat mit Pistazien

SMOOTHIES 184
- Beeren-Smoothie
- Aprikosen-Ananas-Smoothie
- Müsli-Smoothie
- Mango-Bananen-Smoothie
- Spinat-Grapefruit-Smoothie

NACH-
TISCH

JOGHURT

JOGHURTCREME MIT OBSTSALAT

400 g Joghurt (3,8 % Fett) / 2 EL Honig / 160 g Sahne / Obstsalat (S. 182)

Joghurt mit Honig in einer Schüssel verrühren. Sahne steif schlagen und unterheben. Joghurtcreme in Schalen verteilen, Obstsalat darauf verteilen.

BIRCHER MÜSLI MIT JOGHURT UND FRÜCHTEN

½ Orange / 400 g Joghurt (3,8 % Fett) / 2 EL Honig / 1 Tasse Bircher Müsli / 160 g Sahne / 400 g Früchte (z. B. Äpfel, Bananen, Beeren, Birnen, Trauben)

Orange pressen und mit Joghurt, Honig und Müsli in einer Schüssel verrühren. Sahne halbsteif schlagen und unterziehen. Früchte klein schneiden und auf dem Müsli-Joghurt verteilen.

JOGHURTSCHAUM MIT MANDEL-PISTAZIEN-KROKANT

400 g Griechischer Joghurt / 2 EL Honig / 100 g Sahne / 30 g blanchierte Mandeln / 30 g Pistazien / 6 EL Zucker

Ein Sieb auf eine Schüssel setzen und mit 2 Lagen Küchenpapier auslegen. Joghurt in das Sieb geben, mit Klarsichtfolie bedecken und z. B. mit einem Topf beschweren. 3–4 Std. (am besten über Nacht) im Kühlschrank abtropfen lassen. Den Joghurt mit Honig cremig verrühren. Sahne steif schlagen und unterheben.

Mandeln und Pistazien in einer Pfanne rösten, mit Zucker karamellisieren und auf einem Backpapier abkühlen lassen. Krokant grob hacken und den Joghurtschaum damit garnieren.

JOGHURT-MASCARPONE-TRIFLE

½ Vanilleschote / ½ Zitrone / 250 g Mascarpone / 250 g Joghurt (3,8 % Fett) / 80 g Rohrohrzucker / 160 g Sahne / 100 g Amarettini / 400 g Früchte (z. B. Kiwi, Datteln, Kirschen, Pfirsich, Trauben) / 50 g Zartbitter-Kuvertüre

Mark aus der Vanilleschote kratzen, Zitrone auspressen. Beides mit Mascarpone, Joghurt und Zucker mit dem Schneebesen glatt rühren. Sahne steif schlagen und unterheben. Amarettini in einer Schale zerbröseln. Früchte klein schneiden.

In Gläsern zweimal übereinander schichten: Joghurt-Mascarpone-Creme, Amarettini-Brösel und Früchte. Mit der Creme abschließen. Kuvertüre darüber raspeln.

JOGHURT-MOUSSE MIT HIMBEEREN

250 g Sahnejoghurt (10 % Fett) / 150 g Crème fraîche / 60 g Puderzucker / 1 Ei / 200 g Himbeeren / 1 Zitrone

Joghurt, Crème fraîche und 30 g Puderzucker mit dem Schneebesen verrühren. Ei trennen, Eiweiß steif schlagen und vorsichtig unter die Creme heben.

Ein Sieb auf eine Schüssel setzen und mit 2 Lagen Küchenpapier auslegen. Joghurtcreme in das Sieb geben, mit Klarsichtfolie bedecken und z. B. mit einem Topf beschweren. 3 – 4 Std. im Kühlschrank abtropfen lassen.

Himbeeren in eine Rührschüssel geben, Zitrone hineinpressen und 30 g Puderzucker dazugeben. Alles mit einem Stabmixer pürieren und durch ein Sieb passieren. Die Joghurt-Mousse mit dem Himbeerjus garnieren.

MOUSSE

1 MOUSSE AU CHOCOLAT

135 g Zartbitter-Kuvertüre / 1 Ei / 10 g Vanillezucker / 10 ml Cognac / 320 g Sahne

Kuvertüre im warmen Wasserbad schmelzen. Ei und Vanillezucker im warmen Wasserbad cremig aufschlagen, bis die Masse das doppelte Volumen erreicht hat. Cognac und die flüssige Kuvertüre hinzugießen und im kalten Wasserbad so lange weiterrühren, bis sie lauwarm ist.

Sahne steif schlagen und mit einem Schneebesen portionsweise unter die abgekühlte Schokomasse heben. Mousse in kleine Schalen füllen und im Kühlschrank erkalten lassen.

2 WEISSE MOUSSE AU CHOCOLAT

135 ml weiße Kuvertüre / ½ Vanilleschote / 1 Ei / 10 g Vanillezucker / 10 ml Orangenlikör / 320 g Sahne / 50 g Pistazien / 20 g Zucker

Kuvertüre im warmen Wasserbad schmelzen. Mark aus der Vanilleschote kratzen und zusammen mit dem Ei und dem Vanillezucker im warmen Wasserbad cremig aufschlagen, bis die Masse das doppelte Volumen erreicht hat. Likör und die flüssige Kuvertüre hinzugießen und im kalten Wasserbad so lange weiterrühren, bis sie lauwarm ist.

Sahne steif schlagen und unter die Schokomasse heben. Mousse in kleine Schalen füllen und im Kühlschrank erkalten lassen. Pistazien im Zerkleinerer fein mahlen, in einer Pfanne mit dem Zucker unter Rühren karamellisieren. Auf die Mousse streuen.

3 ESPRESSO-MOUSSE

135 g Zartbitter-Kuvertüre / 1 Ei / 10 g Vanillezucker / 20 ml Espresso / 2 TL lösliches Espressopulver / 1 Msp. gemahlener Kardamon / 320 g Sahne / 50 g Mokkabohnen

Kuvertüre im warmen Wasserbad schmelzen. Ei und Vanillezucker im warmen Wasserbad cremig aufschlagen, bis die Masse das doppelte Volumen erreicht hat. Espresso, Espressopulver, Kardamon und die flüssige Kuvertüre hinzugießen und im kalten Wasserbad so lange weiterrühren, bis sie lauwarm ist.

Sahne steif schlagen. Mokkabohnen klein hacken und mit der Sahne portionsweise unter die Schokomasse heben. Mousse in Gläser füllen und im Kühlschrank erkalten lassen.

4 MARONEN-ZIMT-MOUSSE

350 g gekochte Maronen / 135 g Zartbitter-Kuvertüre / 3 EL Puderzucker / 1 Pr. Salz / 1 Pr. Zimt / 40 ml Rum / 200 g Sahne

Maronen im Zerkleinerer oder mit dem Stabmixer pürieren. Kuvertüre im warmen Wasserbad schmelzen und unter die Maronen heben.

Puderzucker über die Schokomasse sieben. Salz, Zimt und Rum einrühren. Sahne steif schlagen und unterheben. Mousse in kleine Schalen füllen und im Kühlschrank erkalten lassen.

MEIN ♥-REZEPT

5 SCHWARZWÄLDER MOUSSE

185 g Zartbitter-Kuvertüre / 1 Ei / 10 g Vanillezucker / 20 ml Kirschwasser / 320 g Sahne / 200 g Sauerkirschen im Glas

135 g Kuvertüre im warmen Wasserbad schmelzen. Ei und Vanillezucker im warmen Wasserbad cremig aufschlagen, bis die Masse das doppelte Volumen erreicht hat. 10 ml Kirschwasser und die flüssige Kuvertüre hinzugießen und im kalten Wasserbad so lange weiterrühren, bis sie lauwarm ist.

Sahne steif schlagen. 50 g Kuvertüre zu kleinen Splittern hacken und mit der Sahne portionsweise unter die Schokomasse heben. Mousse in kleine Schalen füllen und im Kühlschrank erkalten lassen. Sauerkirschen abtropfen lassen, in einen Rührbecher füllen und mit 10 ml Kirschwasser fein pürieren. Kirschjus auf der Mousse verteilen.

VANILLEPUDDING

VANILLEPUDDING

1 Vanilleschote / 300 ml Milch / 200 g Sahne / 4 Eier / 50 g Zucker / 40 g Mehl

Mark aus der Vanilleschote kratzen. Beides mit Milch und Sahne aufkochen. Eier trennen. Eigelbe, Zucker und Mehl mit einem Handmixer verquirlen und unter die kochende Milch rühren. Die Vanilleschote entfernen.

Vanillepudding noch einmal aufkochen, dabei mit einem Teigschaber permanent am Topfboden entlang fahren. In eine Schüssel füllen und abkühlen lassen.

BAYRISCH CREME

1 Vanilleschote / 250 ml Milch / 2 Eier / 50 g Zucker / 4 Blatt Gelatine / 250 g Sahne / ½ Bio-Orange

Mark aus der Vanilleschote kratzen, beides mit der Milch aufkochen. Eier trennen. Eigelbe und Zucker im Wasserbad schaumig rühren, die heiße Milch hinzugießen und bei schwacher Hitze so lange schlagen, bis die Creme eindickt.

Gelatine ca. 5 Min. in kaltem Wasser einweichen und zu der Creme geben. Creme nun im kalten Wasserbad rühren, bis sie abgekühlt ist. Sahne steif schlagen. Sobald die Creme zu stocken beginnt, die Sahne unterziehen. In eine Schüssel umfüllen. Orangenschale abreiben und über die Creme streuen.

MEIN ♥-REZEPT

GRIESSPUDDING

½ Vanilleschote / 300 ml Milch / 20 g Butter / 60 g Hartweizengrieß / 1 Ei / 1 Pr. Salz / 50 g Zucker

Mark aus der Vanilleschote kratzen. Beides mit Milch und Butter aufkochen. Grieß hinzufügen und bei milder Hitze unter Rühren 5 Min. quellen lassen.

Ei trennen. 3 EL heiße Puddingcreme mit dem Eigelb in einer kleinen Schüssel verquirlen, zurück in den Topf gießen und umrühren. Eiweiß mit dem Salz steif schlagen, nach und nach den Zucker einrühren und unter den Pudding heben.

SCHWARZWÄLDER KIRSCH IM GLAS

½ Glas Sauerkirschen / 2 EL Kirschwasser / 1 TL Maisstärke / 8 Schoko-Cookies / Vanillepudding / 50 g Zartbitter-Kuvertüre

Kirschen abtropfen lassen, dabei den Saft auffangen. In einem kleinem Topf die Kirschen mit 4 EL Saft und Kirschwasser erhitzen. Maisstärke mit 2 EL Saft glatt rühren und hinzugießen. Unter Rühren aufkochen. Schoko-Cookies in einer Schale zerbröseln.

In Gläsern zweimal übereinander schichten: Vanillepudding, Cookie-Brösel und Kirschen. Mit dem Pudding abschließen. Kuvertüre raspeln und darüber geben.

CREMA CATALANA

1 Vanilleschote / 300 ml Milch / 2 Pr. Salz / 4 Eier / 50 g Zucker / 25 g Stärke / ½ Bio-Zitrone / 3 EL Zucker / 2 TL Zimt

Mark aus der Vanilleschote kratzen. Beides mit Milch und Salz aufkochen. 2 Eier trennen. Die Eigelbe mit 2 weiteren Eiern, Zucker und Stärke schaumig schlagen und zu der heißen Vanillemilch in den Topf rühren. Zitronenschale darüber abreiben. Die Creme unter ständigem Rühren erwärmen, bis sie eindickt.

Creme in ofenfeste Förmchen gießen und ca. 3 Std. kalt stellen. Mit Zucker und Zimt bestreuen und mit einem Gasbrenner karamellisieren.

MILCHREIS

MILCHREIS MIT ZUCKER UND ZIMT

1 l Milch / 250 g Rundkornreis / 1 Pr. Salz / 1 Vanilleschote / 6 EL Zucker / 2 TL Zimt

Milch in einen Topf gießen, den Reis einstreuen und umrühren. Salz hinzugeben. Das Mark aus der Vanilleschote kratzen und beides in den Topf geben. Alles unter Rühren aufkochen und zugedeckt bei milder Hitze 25–30 Min. garen. Ab und zu umrühren.

Vanilleschote entfernen und 3 EL Zucker hinzufügen. Weitere 3 EL Zucker mit dem Zimt mischen und über den Milchreis streuen.

REIS TRAUTTMANSDORFF

1 Glas Sauerkirschen (350 g) / 1 EL Kirschwasser / 300 g Sahne / 1 EL Zucker / 250 g Milchreis / 50 g Zartbitter-Kuvertüre

Sauerkirschen mit Kirschwasser mind. 1 Std. marinieren. Sahne zuckern, steif schlagen und unter den Milchreis geben. Abwechselnd mit den Sauerkirschen in einer Schale schichten. Kuvertüre hobeln und über den Milchreis streuen.

MILCHREIS MIT BIRNENKOMPOTT

4 Birnen / ½ Zitrone / 50 g Butter / 75 g Rohrohrzucker / ½ Vanilleschote / 200 ml Weißwein / 250 g Milchreis

Birnen in 1 cm große Würfel schneiden und in eine Schüssel füllen. Zitrone darüber auspressen. Butter mit Zucker in einer Pfanne bei niedriger Hitze schmelzen. Vanilleschote auskratzen, Mark und Schote mit den Birnen in die Pfanne geben. Mit Wein ablöschen und zugedeckt 10 Min. köcheln lassen. Vanilleschote entfernen und den Birnenkompott über den Milchreis verteilen.

MILCHREIS MIT ROTER GRÜTZE UND PISTAZIEN

100 g Zucker / 50 g Pistazien / 75 ml Rotwein / 200 ml Johannisbeersaft / 1 Zimtstange / 1 EL Stärke / 500 g Beeren (z. B. Himbeeren, Brombeeren, Johannisbeeren, Heidelbeeren, Erdbeeren) / 250 g Milchreis

50 g Zucker in einem Topf karamellisieren. Pistazien grob hacken, hinzufügen und verrühren. Den Crunch auf einem Kuchengitter mit Backpapier auskühlen lassen.

50 g Zucker in einem Topf hellbraun karamellisieren. Mit Wein ablöschen. Saft und Zimtstange hinzufügen und den Sud etwas einkochen. Stärke mit 2 EL Wasser anrühren, in den Topf gießen und unter Rühren aufkochen. Beeren unterheben. Zimtstange entfernen und die Rote Grütze auf dem Milchreis verteilen. Pistazien darüber streuen.

GEBACKENER MILCHREIS MIT ZIMTÄPFELN

2 Äpfel / 5 EL Zucker / 2 TL Zimt / ½ Zitrone / 2 Eier / 1 Pr. Salz / 3 EL Butter / 250 g Milchreis / 50 g Mandelblättchen

Äpfel in Spalten schneiden, mit 3 EL Zucker und Zimt bestreuen. Zitrone darüber auspressen. Eier trennen. Eiweiß mit einem Handmixer steif schlagen. Dabei 2 EL Zucker und Salz einrieseln lassen. Eigelbe mit 2 EL Butter ca. 5 Min. cremig rühren. Eischnee, Eiercreme und die Äpfel unter den lauwarmen Milchreis rühren.

Milchreis in eine eingefettete Auflaufform geben. Die andere Hälfte der Äpfel, Mandelblättchen und 1 EL Butter in Flocken darauf verteilen. Im heißen Ofen bei 180 °C 25 – 30 Min. backen.

MEIN ♥-REZEPT

TIRAMISU

ITALIENISCHES TIRAMISU

350 ml Espresso / 2 cl Amaretto / 4 Eigelb / 100 g Puderzucker / 450 g Mascarpone / 250 g Löffelbiskuits / 2 EL Kakao

Espresso kochen, in einer flachen Schale auskühlen lassen und mit Amaretto mischen. Eigelb mit Puderzucker aufschlagen, bis eine dicke, weiße Creme entsteht. Mascarpone glatt rühren und vorsichtig unterheben.

Die Hälfte der Löffelbiskuits in den Espresso tauchen und den Boden einer Auflaufform damit auslegen. Die Hälfte der Creme darüber streichen. Dann eine zweite Schicht Biskuits und Creme draufgeben. Tiramisu mit Klarsichtfolie abgedeckt 3 Std. im Kühlschrank ziehen lassen. Mit Kakaopulver bestäuben.

ERDBEER-TIRAMISU MIT AMARETTINI

½ Zitrone / 500 g Mascarpone / 250 g Magerquark / 100 g Zucker / 200 g Sahne / 2 Eiweiß / 500 g Erdbeeren / 150 ml Orangensaft / 2 cl Orangenlikör (z. B. Grand Marnier) / 250 g Amarettini

Zitrone auspressen und Saft mit Mascarpone, Quark und Zucker cremig rühren. Sahne und Eiweiß getrennt voneinander steif schlagen. Beides vorsichtig unter die Creme heben. Erdbeeren in Scheiben schneiden. Orangensaft mit Likör mischen.

Übereinander in eine Auflaufform schichten: 125 g Amarettini, 75 ml Orangensaft, ⅓ Creme, 350 g Erdbeeren, ⅓ Creme, 125 g Amarettini, 75 ml Orangensaft und ⅓ Creme.

150 g Erdbeeren auf der Creme verteilen. Tiramisu mit Klarsichtfolie abgedeckt 3 Std. im Kühlschrank ziehen lassen. Mit Amarettini-Bröseln dekorieren.

MEIN ♥-REZEPT

BRATAPFEL-NUSS-TIRAMISU

500 g säuerliche Äpfel / 125 ml Dessertwein (z. B. Vin Santo) / ½ Bio-Zitrone / 1 EL Zucker / 3 EL Zimt / 1 EL Butter / 2 EL Puderzucker / 80 g Walnusskerne / 250 g Mascarpone / 100 g Sahne / 250 g Löffelbiskuits

Äpfel halbieren und mit der Schnittfläche nach unten in eine Auflaufform legen. Wein hinzugießen. Zitronenschale darüber reiben. Zucker, 1 EL Zimt und Butter dazugeben und alles im Ofen bei 180 °C 15–20 Min. backen. Danach mit einer Gabel zu Kompott verarbeiten.

Puderzucker in einer beschichteten Pfanne zum Schmelzen bringen. Nüsse darin rösten, 1 EL Zimt unterrühren. Alles auf ein Backpapier gießen und abkühlen lassen. Im Mörser grob zerstoßen und in einer Schüssel mit Mascarpone verrühren. Sahne steif schlagen und unterheben.

Löffelbiskuits, Apfelkompott (samt Sud) und Creme in 2 Schichten in eine Auflaufform geben. Tiramisu 3 Std. kalt stellen. Mit 1 EL Zimt bestäuben.

ALKOHOLFREIES TIRAMISU

150 ml Espresso / 250 g Löffelbiskuits / 500 g Mascarpone / 100 g Puderzucker / 400 g Sahne / 2 EL Kakao

Espresso kochen, abkühlen lassen und die Löffelbiskuits eintauchen. Mascarpone und Puderzucker verrühren. Sahne steif schlagen und unter den Mascarpone heben.

Löffelbiskuits und Creme in zwei Schichten in eine Auflaufform geben. Tiramisu mit Klarsichtfolie abgedeckt 3 Std. im Kühlschrank ziehen lassen. Mit Kakaopulver bestäuben.

SCHOKO-ORANGEN-TIRAMISU

6 Schoko-Muffins (S. 170) / 2 Orangen / 50 ml Orangenlikör (z. B. Grand Marnier) / ½ Zitrone / 250 g Mascarpone / 250 g Magerquark / 50 g Zucker / 1 Pck. Vanillezucker / 200 ml Orangensaft

Schoko-Muffins zubereiten. Orangen schälen, filetieren und in Likör marinieren. Zitrone auspressen und mit Mascarpone, Quark, Zucker, Vanillezucker und 120 ml Orangensaft zu einer glatten Creme verrühren.

Schoko-Muffins horizontal in je 3 Scheiben schneiden und mit 80 ml Orangensaft beträufeln. Muffins, Creme und Orangen in 3 Schichten in Gläser geben.

Das Dessert mit Klarsichtfolie abgedeckt 3 Std. im Kühlschrank ziehen lassen.

TARTE

APFEL-WALNUSS-TARTE

1 Ei / 130 g Mehl / 40 g gemahlene Walnüsse / 50 g Zucker / 110 g Butter / 1 Pr. Salz / 100 g Marzipanrohmasse / 2 EL Rum / 4 Äpfel / 30 g gehackte Walnüsse / 2 TL Zimt / 2 EL Aprikosenkonfitüre

Ei trennen. Eigelb mit Mehl, Nüssen, Zucker, Butter und Salz verkneten und in Frischhaltefolie gewickelt 30 Min. in den Kühlschrank legen. Tarteformen buttern und mehlen. Teig auf der bemehlten Arbeitsfläche 2–3 mm dünn ausrollen, in die Formen (5 kleine Formen à 12 cm; alternativ eine große Form à 28 cm) drücken und überstehenden Rand abtrennen. Böden mit einer Gabel mehrmals einstechen.

Marzipan zerkleinern, mit Rum und Eiweiß verkneten und auf dem Teig verteilen. Äpfel in dünne Scheiben hobeln, eng gefächert auf das Marzipan legen und mit Nüssen und Zimt bestreuen. Tartes im Ofen bei 170 °C 25–30 Min. backen. Konfitüre mit etwas Wasser in einem kleinen Topf erwärmen und die Tartes damit glasieren.

BLAUBEER-KÄSE-TARTE

3 Eier / 170 g Mehl / 110 g Butter / 50 g Puderzucker / 1 Pr. Salz / 1 Bio-Zitrone / ½ Vanilleschote / 200 g Magerquark / 250 g Schmand / 40 g Weichweizengrieß / 100 g Rohrohrzucker / 600 g Blaubeeren

Eier trennen. 1 Eigelb mit Mehl, Butter, Puderzucker und Salz verkneten und in Frischhaltefolie gewickelt 30 Min. in den Kühlschrank legen. Tarteformen buttern und mehlen. Teig auf der bemehlten Arbeitsfläche 2–3 mm dünn ausrollen, in die Formen drücken und überstehenden Rand abtrennen. Böden mit einer Gabel mehrmals einstechen.

Zitronenschale abreiben. Mark aus der Vanilleschote kratzen. Beides mit Quark, Schmand, Grieß, 2 Eigelben und Zucker verrühren und auf die Teigböden streichen. Beeren auf der Creme verteilen. Im Ofen bei 170 °C 30–35 Min. backen.

MEIN ♥-REZEPT

ZITRONENTARTE

5 Eier / 170 g Mehl / 290 g Butter / 200 g Zucker / 1 Pr. Salz / 4 Bio-Zitronen

1 Ei trennen. Eigelb mit Mehl, 110 g Butter, 50 g Zucker und Salz verkneten und in Frischhaltefolie gewickelt 30 Min. in den Kühlschrank legen. Zitronenschale abreiben, Saft auspressen. Beides mit 4 Eiern und 150 g Zucker in einer Schüssel im heißen Wasserbad cremig aufschlagen. 180 g Butter nach und nach einrühren, bis die Masse cremig ist. Abkühlen lassen.

Tarteformen buttern und mehlen. Teig 2–3 mm dünn ausrollen, in die Formen drücken und Böden mit einer Gabel mehrmals einstechen. Im Ofen bei 170 °C 12 Min. vorbacken, etwas abkühlen lassen. Zitronencreme auf den Tortenboden füllen und 20 Min. fertig backen.

SCHOKOLADENTARTE

1 Ei / 140 g Mehl / 30 g Kakao / 160 g Butter / 80 g Zucker / 1 Pr. Salz / 300 g Sahne / 200 g Zartbitter-Kuvertüre / 50 ml Himbeergeist

Ei trennen. Eigelb mit Mehl, Kakao, 110 g Butter, 50 g Zucker und Salz verkneten und in Frischhaltefolie gewickelt 30 Min. in den Kühlschrank legen. Tarteformen buttern und mehlen. Teig 2–3 mm dünn ausrollen und in die Formen drücken. Böden mit einer Gabel mehrmals einstechen. Im Ofen bei 170 °C 25 Min. backen.

Sahne mit 30 g Zucker in einem Topf aufkochen. Kuvertüre hacken und mit 50 g Butter hinzugeben. Mit dem Schneebesen verrühren, bis alles geschmolzen ist. Himbeergeist unterrühren. Schokoladencreme auf den Teig gießen und ca. 2 Std. auskühlen lassen.

ERDBEER-VANILLE-TARTE

1 Ei / 130 g Mehl / 40 g gemahlene Mandeln / 110 g Butter / 50 g Puderzucker / 1 Pr. Salz / 100 g Zartbitter-Kuvertüre / 200 g Vanillepudding (S. 160) / 500 g Erdbeeren / 1 EL gemahlene Pistazien

Ei trennen. Eigelb mit Mehl, Mandeln, Butter, Zucker und Salz verkneten und in Frischhaltefolie gewickelt 30 Min. in den Kühlschrank legen. Tarteformen buttern und mehlen. Teig 2–3 mm dünn ausrollen und in die Formen drücken. Böden mit einer Gabel mehrmals einstechen. Im Ofen bei 170 °C 25 Min. goldbraun backen.

Kuvertüre im heißen Wasserbad schmelzen, in die Tartes gießen, abkühlen lassen. Vanillepudding darauf verteilen. Beeren halbieren, auf die Creme legen und mit Pistazien bestreuen.

CRUMBLE

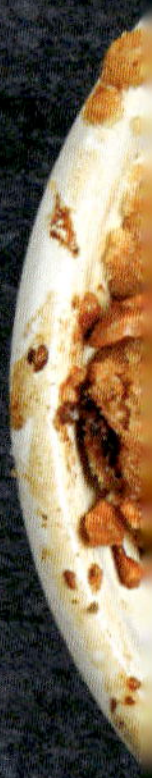

APPLE CRUMBLE

½ Vanilleschote / 150 g Mehl / 75 g Butter / 75 g Zucker / 3 kleine Äpfel (z. B. Elstar, Braeburn, Boskop) / ½ Zitrone / 1 EL Rosinen / 25 g Rohrohrzucker / 1 TL Zimt / 1 EL Rum / 30 g gehackte Mandeln

Das Mark aus der Vanilleschote kratzen und mit Mehl, Butter und Zucker in einer großen Schüssel mit den Händen zu Streuseln vermengen.

Äpfel klein würfeln und in eine Schüssel geben. Zitrone darüber auspressen. Rosinen, Rohrzucker, Zimt und Rum hinzufügen. Mandeln in einer Pfanne goldbraun rösten und mit den anderen Zutaten gut vermischen.

Ofenfeste Förmchen mit Butter einfetten, die Apfelmasse hineinfüllen und die Streusel darüber verteilen. Crumbles im Ofen bei 180 °C ca. 25 Min. goldbraun backen.

KIRSCH-SCHOKO-CRUMBLE

½ Vanilleschote / 20 g Kakaopulver / 125 g Mehl / 100 g Zucker / 100 g Butter / 1 Pr. Salz / 30 g ungesalzene Erdnüsse / 1 Glas Sauerkirschen / ½ Orange / Fleur de Sel

Mark aus der Vanilleschote kratzen und mit Kakao, Mehl, 80 g Zucker, Butter, Salz und 1 EL Wasser in einer Schüssel mit den Händen zu groben Streuseln verarbeiten. Die Erdnüsse grob hacken und in einer Pfanne rösten.

Kirschen über einem Sieb abtropfen lassen und in eine Schüssel füllen. Die Orange darüber auspressen, 20 g Zucker hinzugeben und alles vermischen.

Ofenfeste Förmchen mit Butter einfetten, die Kirschen hineinfüllen und die Streusel und Erdnüsse darüber verteilen. Mit Fleur de Sel bestreuen. Crumbles im Ofen bei 180 °C ca. 30 Min. goldbraun backen.

SOMMERBEEREN-CRUMBLE

75 g blanchierte Mandeln / 150 g Mehl / 110 g Butter / 100 g Zucker / ½ Vanilleschote / ½ Orange / 400 g gemischte Beeren / 25 g Rohrohrzucker / 30 g Mandelblättchen / 1 EL Orangenlikör (z. B. Cointreau)

Mandeln fein hacken und mit Mehl, Butter und Zucker in einer großen Schüssel mit den Händen zu Streuseln vermengen. Mark aus der Vanilleschote kratzen, Saft aus Orange auspressen. Beides mit den Beeren, Zucker, Mandelblättchen und dem Orangenlikör mischen.

Ofenfeste Förmchen mit Butter einfetten, die Beerenmasse hineinfüllen und die Streusel darüber verteilen. Crumbles im Ofen bei 180 °C ca. 25 Min. goldbraun backen.

RHABARBER-CRUMBLE MIT AMARETTINI

½ Vanilleschote / 150 g Mehl / 75 g Butter / 75 g Zucker / 3 Stangen Rhabarber / ½ Zitrone / 25 g Rohrohrzucker / 1 TL Zimt / 1 EL Mandellikör (z. B. Amaretto) / 30 g Amarettini

Das Mark aus der Vanilleschote kratzen und mit Mehl, Butter und Zucker in einer großen Schüssel mit den Händen zu Streuseln vermengen. Rhabarber klein würfeln, Saft aus Zitrone pressen. Beides mit Zucker, Zimt und Amaretto vermischen. Amarettini mit den Händen grob darüber bröseln und untermischen.

Ofenfeste Förmchen mit Butter einfetten, die Rhabarbermasse hineinfüllen und die Streusel darüber verteilen. Crumbles im Ofen bei 180 °C ca. 25 Min. goldbraun backen.

ZWETSCHGEN-CRUMBLE MIT MARZIPANSTREUSELN

100 g Marzipanrohmasse / ½ Bio-Zitrone / 150 g Mehl / 100 g Butter / 75 g Zucker / 30 g Amarettini / 65 ml Rotwein / 35 g Rohrohrzucker / ½ TL Zimt / 1 Pr. gemahlene Nelken / ½ Orange / 1 EL Speisestärke / 500 g Zwetschgen (alternativ Pflaumen)

Marzipan grob raspeln, Zitronenschale abreiben. Beides mit Mehl, Butter und Zucker in einer Schüssel mit den Händen zu groben Streuseln verarbeiten. Amarettini grob darüber bröseln und untermischen.

Rotwein mit Rohrohrzucker, Zimt und Nelken aufkochen. Zitrone und Orange auspressen. Stärke mit beiden Säften glatt rühren, in den Rotwein gießen und aufkochen. Zwetschgen halbieren und untermischen.

Ofenfeste Förmchen mit Butter einfetten, die Zwetschgen hineinfüllen und die Streusel darüber verteilen. Crumbles im Ofen bei 180 °C ca. 30 Min. goldbraun backen.

MEIN ♥-REZEPT

MUFFINS

1 BLAUBEER-MUFFINS

2 Eier / 100 g weiche Butter / 175 g Zucker / 1 Pck. Vanillezucker / 1 Pr. Salz / 150 ml Buttermilch / 250 g Mehl / 2 TL Backpulver / 200 g Blaubeeren / 4 EL Puderzucker

Eier, Butter, Zucker, Vanillezucker und Salz 3 Min. verrühren, dabei die Buttermilch hineingießen, Mehl und Backpulver nach und nach unterrühren, bis ein glatter Teig entsteht. Die Blaubeeren unterheben.

Die Mulden eines Muffinblechs mit Papierbackförmchen auslegen und den Teig portionsweise einfüllen. Muffins im Ofen bei 170 °C auf der mittleren Schiene ca. 25 Min. backen.

Auf einem Kuchengitter abkühlen lassen und vor dem Verzehr mit Puderzucker bestreuen.

2 ZITRONEN-CUPCAKES MIT FRISCHKÄSE-TOPPING

2 Bio-Zitronen / 2 Eier / 200 g Butter / 150 g Zucker / 200 g Mehl / 1 TL Backpulver / 200 g Frischkäse / 2 EL Puderzucker / 100 g Sahne / 1 EL gemahlene Pistazien

Die Zitronenschale abreiben, den Saft auspressen. Eier, Butter und Zucker in einer Rührschüssel 3 Min. schaumig rühren. Nach und nach Mehl, Backpulver und die Hälfte vom Zitronensaft und Abrieb unterrühren.

Die Mulden eines Muffinblechs mit Papierbackförmchen auslegen und den Teig portionsweise einfüllen. Muffins im Ofen bei 180 °C 20–25 Min. backen und auf einem Kuchengitter abkühlen lassen.

Frischkäse mit Puderzucker, der zweiten Hälfte vom Zitronensaft und dem Abrieb glatt rühren. Sahne steif schlagen und unterziehen. Die Creme in einen Spritzbeutel mit Sterntülle füllen und die Cupcakes damit verzieren. Mit Pistazien bestreuen.

3 APFEL-NUSS-MUFFINS

2 Äpfel / 4 EL Rum / 50 g gehackte Haselnüsse / 1 Vanilleschote / 100 g Butter / 2 Eier / 100 g Zucker / 200 ml Milch / 1 Pr. Salz / 200 g Mehl / 1 TL Backpulver / 1 TL Zimt / 4 EL Puderzucker

Äpfel in kleine Würfel schneiden, mit 2 EL Rum mischen. Nüsse rösten. Mark aus Vanilleschote kratzen. Butter schmelzen und mit Eiern, Zucker, Milch, Salz und 2 EL Rum in einer Rührschüssel mixen. Mehl mit Backpulver und Zimt über die Buttermasse sieben und vermischen. Zuletzt Äpfel, Nüsse und Vanillemark unterheben.

Die Mulden eines Muffinblechs mit Papierbackförmchen auslegen und den Teig portionsweise einfüllen. Muffins im Ofen bei 180 °C 25–30 Min. goldbraun backen. Auf einem Kuchengitter abkühlen lassen und vor dem Verzehr mit Puderzucker bestäuben.

4 SCHOKO-MUFFINS

200 g Mehl / 2 TL Backpulver / 50 g Kakao / 100 g Zucker / 1 Pck. Vanillezucker / 130 g weiche Butter / 2 Eier / 5 EL Milch / 50 g Schokoraspeln / 2 EL gemahlene Mandeln

Mehl, Backpulver, Kakao, Zucker und Vanillezucker in einer Rührschüssel mischen. 130 g Butter und Eier hinzugeben und alles zu einem glatten Teig verrühren. Milch und Schokoraspel unter den Teig heben.

Die Mulden eines Muffinblechs mit Papierbackförmchen auslegen und den Teig portionsweise einfüllen.Muffins im Ofen auf der mittleren Schiene bei 160 °C 20–25 Min. backen. Auf einem Kuchengitter abkühlen lassen.

5 MÖHREN-MANDEL-MUFFINS

2 Eier / 125 g Zucker / 1 Pr. Salz / ½ TL Zimt / 1 Pr. Muskat / 1 Pr. Nelken / 125 ml Rapsöl / 175 g Mehl / 125 g gemahlene Mandeln / ½ Pck. Backpulver / 200 g Möhren / 100 g Puderzucker / ½ Zitrone / ½ Bio-Orange

Eier, Zucker, Salz und Gewürze mit dem Mixer 3 Min. schaumig schlagen. Erst das Öl, dann Mehl, Mandeln und Backpulver unterrühren. Möhren fein raspeln und unterheben.

Mulden eines Muffinblechs mit Papierförmchen auslegen, den Teig portionsweise einfüllen. Muffins im Ofen bei 150 °C 20–25 Min. backen und auf einem Kuchengitter abkühlen lassen.

Puderzucker in eine kleine Schüssel sieben. Zitrone hineinpressen, beides zu einem Guss verrühren und die Muffins damit bestreichen. Orangenschale darüber reiben.

MEIN ♥-REZEPT

BLECHKUCHEN

1 MANDEL-KNUSPER-KUCHEN

200 g Sahne / 350 g Zucker / 2 Pck. Vanillezucker / 4 Eier / 400 g Mehl / ½ Pck. Backpulver / 125 g Butter / 4 EL Milch / 300 g Mandelblättchen

Sahne mit 200 g Zucker, 1 Pck. Vanillezucker und den Eiern mit einem Handmixer schaumig schlagen. Mehl und Backpulver unter die Eiermasse rühren. Ein tiefes Backblech einfetten und mit Mehl bestreuen. Teig darauf verteilen. Im Ofen auf mittlerer Schiene bei 180 °C 15 Min. backen.

Für den Belag Butter in einem Topf zum Schmelzen bringen, 150 g Zucker, 1 Pck. Vanillezucker, Milch und Mandeln dazugeben und aufkochen lassen. Mandelmasse auf dem gebackenen Teig verteilen. Im Ofen 10–15 Min. backen.

2 MÖHRENKUCHEN MIT FRISCHKÄSE-TOPPING

6 Eier / 300 g Rohrohrzucker / 370 ml Rapsöl / 340 g Vollkornmehl / 1 Pck. Backpulver / 2 TL Zimt / ½ TL Muskat / 470 g Möhren / 90 g gehackte Mandeln / 2 EL gemahlene Mandeln / ½ Bio-Zitrone / 400 g Frischkäse / 120 g Butter / 120 g Puderzucker

Eier, Zucker und Öl mit einem Handmixer verrühren. Mehl, Backpulver, Zimt und Muskat hinzugeben. Möhren raspeln, gehackte Mandeln in einer Pfanne rösten, beides unterrühren.

Ein tiefes Backblech fetten und mit den gemahlenen Mandeln ausstreuen. Teig darauf verteilen und im Ofen bei 160 °C 45–50 Min. backen. Zitrone abreiben und auspressen, Abrieb und Saft mit Frischkäse, Butter und Puderzucker verrühren. Kuchen mit der Frischkäsemasse bestreichen und mind. 1 Std. kalt stellen.

3 APFEL-STREUSELKUCHEN

650 g Mehl / 1 TL Backpulver / 300 g Zucker / 325 g Butter / 1 Pck. Vanillezucker / 2 Eier / 1,5 kg säuerliche Äpfel (z. B. Elstar, Braeburn, Boskop) / ½ Zitrone / 1 TL Zimt / 1 EL gehackte Mandeln / ½ Vanilleschote

400 g Mehl und Backpulver in eine große Schüssel geben. Zusammen mit 175 g Zucker, 200 g Butter, Vanillezucker und Eier zu einem glatten Teig verkneten. Ein tiefes Backblech einfetten, mit Mehl bestreuen und den Teig darauf verteilen.

Äpfel in Schnitze schneiden, Zitrone auspressen. Saft und Äpfel vermischen und auf dem Teig verteilen. Mit Zimt und Mandeln bestreuen. Das Mark aus der Vanilleschote kratzen, mit 250 g Mehl, 125 g Zucker und 125 g Butter verkneten und als grobe Streusel auf die Äpfel geben. Im Ofen auf mittlerer Schiene bei 180 °C 45 Min. goldbraun backen.

4 ZITRONENKUCHEN MIT GUSS

4 Bio-Zitronen / 200 g Butter / 400 g Zucker / 1 Pr. Salz / 6 Eier / 300 g Mehl / 2 TL Backpulver / 2 EL gemahlene Mandeln / 300 g Puderzucker

Schale von 2 Zitronen fein abreiben, Saft aller Zitronen auspressen und beiseite stellen. Zitronenschale mit Butter, 200 g Zucker und Salz mit dem Handmixer 8 Min. cremig rühren. Erst Eier, dann Mehl und Backpulver unterrühren.

Ein tiefes Backblech fetten und mit Mandeln bestreuen. Teig darauf geben, glatt streichen und im Ofen bei 170 °C auf mittlerer Schiene 35–40 Min. backen.

200 g Zucker, 120 ml Wasser und eine Hälfte des Zitronensafts in einem Topf unter Rühren 5 Min. einkochen lassen. Den gebackenen Kuchen mit dem Sirup tränken. Puderzucker mit der anderen Hälfte des Zitronensafts verrühren. Guss auf den Kuchen streichen.

5 PFLAUMEN-SCHMAND-KUCHEN

400 g Mehl / 250 g Zucker / 6 Eier / 200 g Butter / 1 Pck. Vanillezucker / ½ TL Backpulver / 1,5 kg Pflaumen (alternativ Zwetschgen) / 1 TL Zimt / 2 EL Rohrohrzucker / ½ Vanilleschote / 400 g Schmand / 400 g Sauerrahm / 400 g Magerquark

Mehl, 170 g Zucker, 2 Eier, Butter, Vanillezucker und Backpulver in einer großen Schüssel zu einem glatten Teig verkneten. Ein tiefes Backblech fetten, mit Mehl bestreuen und den Teig darauf verteilen. Pflaumen halbieren, auf dem Teig verteilen. Mit Zimt und Zucker bestreuen und im Ofen bei 160 °C auf der mittleren Schiene 30 Min. backen.

Mark aus der Vanilleschote kratzen und mit 4 Eiern, 80 g Zucker und den übrigen Zutaten in einer Schüssel mit dem Handmixer verrühren. Belag auf dem gebackenen Kuchen verteilen und bei 160 °C im Ofen 15–20 Min. fertig backen.

ARMER RITTER

SÜSSER RITTER

1 Stiel Minze / 1 Limette / 150 g Crème fraîche / 1 EL Zucker / 250 g Blaubeeren / 100 ml Ahornsirup / 8 Arme Ritter (mit Toastbrot statt mit Butter-Brioche zubereitet)

Minzblätter in feine Streifen schneiden. Limette zur Hälfte abreiben und auspressen. Minze, Limettensaft und Abrieb mit Crème fraîche in einer Schüssel vermengen und mit etwas Zucker abschmecken. Blaubeeren mit Ahornsirup vermengen und über die Armen Ritter geben. Mit einem Klecks Crème fraîche garnieren.

ARMER RITTER

½ Vanilleschote / 2 Eier / 200 ml Milch / 170 g Zucker / 1 Pr. Salz / 20 g Zimt / 2 EL Sonnenblumenöl / 8 Scheiben Butter-Brioche / 50 g Butter

Mark aus der Vanilleschote kratzen und mit Eiern, Milch, 90 g Zucker und Salz in einer breiten Schüssel verrühren. 80 g Zucker mit Zimt mischen und auf einen Teller geben. Einen weiteren Teller mit Küchenpapier auslegen.

Eine große Pfanne vorheizen, Öl hineingießen. Brioche in die Eiertunke tauchen, kurz abtropfen lassen und in der Pfanne ausbraten. Wenn die erste Seite goldgelb ist, wenden und ein kleines Stück Butter dazugeben. Kurz bevor die zweite Seite goldgelb ist, etwas Zucker in die Pfanne geben und die Brioche-Scheiben schwenken. Noch einmal wenden und kurz fertig braten. Auf dem Küchenpapier abtropfen lassen und im Zimt-Zucker-Bad wälzen.

FRANZ-RITTER

150 ml Milch / 2 Eier / Kräuter (z. B. Basilikum, Petersilie, Thymian, Schnittlauch) / Salz / Pfeffer / 8 Scheiben Toast / 200 g Aprikosenmarmelade / 400 g Brie / 100 g Rucola / 2 EL Sonnenblumenöl / Butter

Milch, Eier, Kräuter, Salz und Pfeffer in einer breiten Schüssel verrühren. Einen Teller mit Küchenpapier auslegen. Toastscheiben paarweise bereitlegen. Jeweils die eine mit Aprikosenmarmelade bestreichen und die andere mit Brie belegen. Rucola auf der Marmelade verteilen. Beide Scheiben zusammenklappen.

Eine große Pfanne vorheizen, Öl hineingießen. Brote in die Eiertunke tauchen, kurz abtropfen lassen und in der Pfanne bei mittlerer Hitze braten. Wenn die erste Seite angebräunt ist, Brot wenden und ein kleines Stück Butter dazugeben. Auf dem Küchenpapier abtropfen lassen.

SPECK-RITTER

150 ml Milch / 2 Eier / Kräuter (z. B. Basilikum, Petersilie, Thymian, Schnittlauch) / Salz / Pfeffer / 2 EL Sonnenblumenöl / 4 Scheiben Graubrot / 8 Scheiben Bacon / 50 g Butter / 1 Limette / 1 Zwiebel / 50 ml Aceto Balsamico / 130 ml Olivenöl / 1 EL Senf / 500 g Feldsalat / 8 Walnüsse / 1 EL Butter / 4 Stück Picandou

Milch, Eier, Kräuter, Salz und Pfeffer in einer breiten Schüssel verrühren. Einen Teller mit Küchenpapier auslegen.

Eine große Pfanne vorheizen, Sonnenblumenöl hineingießen. Brote in die Eiertunke tauchen, kurz abtropfen lassen, mit je 2 Scheiben Bacon belegen und in der Pfanne braten. Wenn die erste Seite angebräunt ist, Brot mit dem Bacon wenden und ein kleines Stück Butter dazugeben. Auf dem Küchenpapier abtropfen lassen.

Limette auspressen und den Saft mit Zwiebel, Essig, Olivenöl, Senf, Kräutern, Salz und Pfeffer in eine Schüssel geben. Alles mit einem Stabmixer zu einer Vinaigrette pürieren und mit dem Salat vermischen. Walnüsse zerstoßen und in der Pfanne rösten. Picandou grob zerbröseln. Beides über den Salat streuen.

RITTER DER POMMESTÜTE

1 Vanilleschote / 2 Eier / 200 ml Milch / 170 g Zucker / 1 Pr. Salz / 20 g Zimt / 2 EL Sonnenblumenöl / 8 Scheiben Toastbrot / 50 g Butter / 250 g Erdbeeren / 200 g Quark

Mark aus der Vanilleschote kratzen, die halbe Menge davon mit Eiern, Milch, 90 g Zucker und Salz in einer breiten Schüssel verrühren. 80 g Zucker mit Zimt mischen und auf einen Teller geben. Einen weiteren Teller mit Küchenpapier auslegen.

Eine große Pfanne vorheizen, Öl hineingießen. Toast in Streifen schneiden, in die Eiertunke tauchen, kurz abtropfen lassen und in der Pfanne ausbraten. Dabei gelegentlich schwenken. Kurz bevor der Toast goldgelb ist, ein kleines Stück Butter dazugeben und die Pommes mit Zucker karamellisieren. Auf dem Küchenpapier abtropfen lassen und im Zimt-Zucker-Bad wälzen.

Die Erdbeeren, etwas Zucker und die andere Hälfte des Vanillemarks mit einem Stabmixer pürieren und mit dem Quark zu einem Dip vermengen.

MEIN ♥-REZEPT

KAISERSCHMARRN

1 KAISERSCHMARRN

100 g Rosinen / 5 EL Rum / ½ Vanilleschote / 60 g Butter / 6 Eier / 60 g Zucker / 1 Pr. Salz / 250 g Mehl / 500 ml Milch / 3 EL Mandelblättchen / 4 TL Puderzucker

Rosinen 30 Min. in Rum einlegen. Mark aus der Vanilleschote kratzen. 50 g Butter schmelzen. Eier trennen. Eigelb mit Vanillemark, 30 g Zucker und Salz mit dem Handmixer schaumig aufschlagen. Mehl und Milch nach und nach unterrühren, dann die Butter und Rosinen dazugeben. Eiweiß steif schlagen und mit einem Teigspatel vorsichtig unterheben.

10 g Butter in einer beschichteten Pfanne zerlassen und den Teig jeweils ca. 1 cm hoch eingießen. Bei mittlerer Hitze ca. 10 Min. goldgelb ausbacken, in mundgerechte Stücke teilen und mit 30 g Zucker und Mandeln karamellisieren. Kaiserschmarrn mit Puderzucker bestäuben.

2 KAISERSCHMARRN MIT APFELKOMPOTT

1 kg Äpfel (z. B. Elstar, Boskop) / 1 Vanilleschote / 1 Bio-Zitrone / 50 g Butter / 3 EL Rohrohrzucker / 30 ml Dessertwein (z. B. Vin Santo) / Kaiserschmarrn

Äpfel schälen und in Stücke schneiden. Mark aus der Vanilleschote kratzen. Schale der Zitrone abschälen und auspressen. Butter in einem Topf aufschäumen. Zucker, Vanillemark und Schote zugeben und karamellisieren lassen. Apfelstücke zufügen, kurz mitbraten.

Mit Wein ablöschen, Zitronenschale und -saft zufügen und alles bei mittlerer Hitze 10–15 Min. köcheln lassen, ab und zu umrühren. Zitronenschale entfernen. Kaiserschmarrn mit Apfelkompott servieren.

3 KARTOFFELSCHMARRN

6 Eier / 80 g Butter / 100 g Mehl / 150 ml Milch / 1 TL Muskat / Salz / 5 Zweige Thymian / 5 Stiele Majoran / 400 g vorwiegend festkochende Kartoffeln

Eier trennen. Eigelbe mit 20 g Butter, Mehl und Milch in einer Schüssel verrühren und mit Muskat und Salz würzen. Teig 30 Min. quellen lassen. Thymian- und Majoranblättchen fein hacken.

Kartoffeln mit Schale (am besten am Vortag) in Salzwasser ca. 20 Min. kochen. Dann pellen, grob reiben und mit den Kräutern und dem Teig vermischen. Eiweiße steif schlagen und darunter heben.

Teig in einer beschichteten ofenfesten Pfanne mit 30 g Butter bei mittlerer Hitze 4 Min. backen. Im Backofen bei 180 °C 10 Min. fertig backen. Warmen Kartoffelschmarrn in grobe Stücke teilen, 30 g Butter dazugeben und schmelzen lassen.

4 GRIESSSCHMARRN MIT ROTER GRÜTZE

30 g Rosinen / 1 EL Rum / ½ Vanilleschote / 500 ml Milch / 30 g Zucker / 100 g Butter / ½ Bio-Zitrone / 180 g Hartweizengrieß / 2 Eier / Rote Grütze (S. 163)

Rosinen 30 Min. in Rum einlegen. Mark aus der Vanilleschote kratzen, mit Milch, Zucker und 50 g Butter in einen Topf geben und aufkochen. Zitronenschale hinein reiben. Grieß einrühren. Eier verquirlen und dazugeben. Bei schwacher Hitze unter Rühren garen, bis die Masse eindickt. Rosinen unterrühren.

Grießbrei in mundgerechte Stücke teilen, mit 50 g Butter in Flöckchen in eine Auflaufform geben und im Ofen bei 180 °C 25–30 Min. backen. Grießschmarrn mit Roter Grütze servieren.

MEIN ♥-REZEPT

5 TOPFENSCHMARRN MIT ZWETSCHGEN-RÖSTER

3 Eier / 100 g Sahne / 125 g Topfen / 1 Pck. Vanillezucker / 80 g Mehl / 40 ml Milch / 150 g Zucker / 50 g Butter / 500 g Zwetschgen / ½ Zitrone / ½ Vanilleschote / ½ Zimtstange / 30 ml Dessertwein / 1 TL Speisestärke

Eier trennen. 2 Eigelbe mit Sahne, Topfen und Vanillezucker verrühren. Mehl und Milch zufügen. 3 Eiweiß mit 50 g Zucker steif schlagen und unterheben. Auflaufform mit Butter einfetten, Teig einfüllen und im Ofen bei 180 °C 25–30 Min. backen. Nach 15 Min. Teig wenden. Schmarrn in Stücke teilen. 30 g Zucker in einer beschichteten Pfanne schmelzen lassen, Butter zugeben und den Schmarrn darin karamellisieren.

Für den Röster Zwetschgen vierteln und in eine Auflaufform legen. Zitrone darüber auspressen. Mark der Vanilleschote auskratzen, beides mit 70 g Zucker und der Zimtstange dazugeben. Wein darüber träufeln, im Ofen bei 180 °C 15–20 Min. garen und in ein Sieb abgießen. Den Sud mit Stärke binden.

PFANNKUCHEN

PFANNKUCHEN

8 Eier / 50 g Zucker / 2 Pck. Vanillezucker / 600 ml Milch / 200 ml Mineralwasser / 500 g Mehl / 2 TL Backpulver / 1 TL Salz / 100 g Butterschmalz

Eier mit Zucker cremig aufschlagen und mit Milch und Mineralwasser verrühren. Nach und nach Mehl und Backpulver dazugeben, salzen und alles zu einem glatten Teig rühren. Den Teig 15 Min. ruhen lassen.

Teig mit einer Schöpfkelle portionsweise in eine beschichtete Pfanne mit Schmalz gießen und die Pfannkuchen von jeder Seite braun ausbacken.

APFELPFANNKUCHEN

Pfannkuchenteig / 4 säuerliche Äpfel (z. B. Boskoop, Holsteiner Cox) / 100 g Butterschmalz / 8 EL brauner Zucker

Äpfel in Scheiben schneiden und in einer beschichteten Pfanne mit Schmalz bei mittlerer Hitze 1 Min. anbraten. Mit 4 EL Zucker karamellisieren.

Den Teig mit einer Schöpfkelle darüber gießen und die Pfannkuchen von jeder Seite braun ausbacken. Mit 4 EL Zucker bestreuen.

MEIN ♥-REZEPT

SPECKPFANNKUCHEN

Pfannkuchenteig / 400 g durchwachsener Speck / 100 g Butterschmalz

Pfannkuchenteig ohne Zucker zubereiten. Speck von der Schwarte befreien, in dünne Scheiben schneiden und in einer beschichteten Pfanne mit Schmalz bei mittlerer Hitze 1 Min. anbraten.

Den Teig mit einer Schöpfkelle darüber gießen und die Pfannkuchen von jeder Seite braun ausbacken.

LACHS-KÄSE-PFANNKUCHEN

Pfannkuchenteig / 100 g Butterschmalz / 400 g Frischkäse / 400 g geräucherter Lachs in Scheiben / 8 Stiele Basilikum

Pfannkuchenteig ohne Zucker zubereiten. Teig mit einer Schöpfkelle portionsweise in eine beschichtete Pfanne mit Schmalz gießen und die Pfannkuchen von jeder Seite braun ausbacken.

Pfannkuchen mit Frischkäse bestreichen, mit Lachsscheiben belegen und mit Basilikumblättern garnieren.

PANCAKE

Pfannkuchenteig / 100 g Butterschmalz / 10 EL Ahornsirup

Pfannkuchenteig zubereiten, anstatt Milch Buttermilch verwenden. Teig mit einer Schöpfkelle portionsweise in eine beschichtete Pfanne mit Schmalz gießen und die Pfannkuchen von jeder Seite braun ausbacken. Pancakes mit Ahornsirup übergießen.

WAFFELN

1 WAFFELN MIT HEISSEN KIRSCHEN

250 g Butter / 4 Eier / 200 g Sahne / 100 g Zucker / 1 Pck. Vanillezucker / 250 g Mehl / 2 EL Backpulver / 1 Glas Sauerkirschen / 1 EL Speisestärke / ½ Vanilleschote / 1 EL Kirschwasser

Butter mit dem Handmixer schaumig schlagen. Eier trennen. Erst Eigelbe, Sahne, Zucker und Vanillezucker, dann Mehl und Backpulver mit der Buttercreme verrühren. Eiweiße steif schlagen und unter den Teig heben. Das Waffeleisen mit Butter einfetten, die Waffeln goldbraun ausbacken und auf einem Kuchengitter auskühlen lassen.

Das Glas Sauerkirschen in einen Topf gießen. Davon 4 EL Kirschsaft abnehmen und mit der Speisestärke verrühren. Mark aus der Vanilleschote kratzen, beides mit dem Kirschwasser in den Topf geben. Angerührte Stärke unterrühren, aufkochen und bei mittlerer Hitze 3 Min. köcheln lassen.

2 SCHOKO-NUSS-WAFFELN MIT PREISELBEERSAHNE

200 g Butter / 200 g Zucker / 4 Eier / 150 g Mehl / 150 g Speisestärke / 1 TL Backpulver / 50 g gemahlene Haselnüsse / 5 EL Milch / 50 g Zartbitter-Kuvertüre / 150 g Wildpreiselbeeren / 250 g Sahne

Butter, Zucker und Eier in eine Rührschüssel geben und mit dem Handmixer gut verquirlen. Mehl, Speisestärke, Backpulver und Nüsse abwechselnd mit der Milch in den Teig rühren. Kuvertüre reiben und unter den Teig heben. Das Waffeleisen mit Butter einfetten, die Waffeln goldbraun ausbacken und auf einem Kuchengitter auskühlen lassen.

Preiselbeeren abtropfen lassen. Sahne steif schlagen. Beides vorsichtig miteinander vermengen.

3 MANDEL-MARZIPAN-WAFFELN

100 g Marzipanrohmasse / 1 Bio-Zitrone / 150 g Butter / 3 Eier / 150 g Zucker / 250 g Weizenmehl / 2 TL Backpulver / 100 g Sahne / 50 g Mandelblättchen / 4 EL Puderzucker

Marzipan klein schneiden, Zitronenschale abreiben. Beides mit Butter, Eiern und Zucker in eine Rührschüssel geben und mit dem Handmixer auf höchster Stufe verquirlen. Mehl und Backpulver abwechselnd mit der Sahne in den Teig rühren. Die Mandelblättchen unterheben.

Das Waffeleisen mit Butter einfetten, die Waffeln goldbraun ausbacken und auf einem Kuchengitter auskühlen lassen. Mit Puderzucker bestäuben.

4 BELGISCHE WAFFELN

½ Vanilleschote / 250 g Butter / 4 EL Rohrohrzucker / 1 Pr. Salz / 6 Eier / 250 g Weizenmehl / 125 g Crème fraîche / 4 EL Puderzucker

Mark aus der Vanilleschote kratzen und mit Butter, Zucker und Salz mit einem Handmixer gut verrühren. Eier im heißen Wasserbad schaumig schlagen. Mehl sieben. Abwechselnd die Eiermasse und das Mehl unter die Butter rühren. Crème fraîche unterheben.

Das Waffeleisen mit Butter einfetten, die Waffeln goldbraun ausbacken und auf einem Kuchengitter auskühlen lassen. Mit Puderzucker bestäuben.

5 QUARKWAFFELN

1 Bio-Zitrone / 125 g weiche Butter / 100 g Rohrohrzucker / 1 Pck. Vanillezucker / 3 Eier / 125 g Magerquark / 200 g Mehl / 1 EL Backpulver / 75 ml Milch / 4 EL Puderzucker

Zitronenschale abreiben und mit Butter, Zucker, Vanillezucker und Eier in eine Rührschüssel geben und mit dem Handmixer gut verquirlen. Quark unterrühren. Zuletzt Mehl und Backpulver abwechselnd mit der Milch mit dem Teig vermischen.

Das Waffeleisen mit Butter einfetten, die Waffeln goldbraun ausbacken und auf einem Kuchengitter auskühlen lassen. Mit Puderzucker bestäuben.

MEIN ♥-REZEPT

OBSTSALAT

BUNTER OBSTSALAT

2 Äpfel / 1 Birne / 2 Bananen / 1 Rispe rote Trauben / ½ Zitrone / 1 Orange

Äpfel und Birne ungeschält in mundgerechte Stücke, Bananen in Scheiben schneiden. Trauben halbieren. Alles in eine Schüssel geben und die Zitrone darüber auspressen.

Orange über der Schüssel schälen, sodass der Saft aufgefangen wird. Klein schneiden und unter den Salat mischen.

EXOTISCHER OBSTSALAT

¼ Melone (z. B. Honig, Galia, Cantaloupe) / ¼ Ananas / 1 Mango / 1 Kiwi / ½ Zitrone / ½ Granatapfel / 1 Orange

Melone, Ananas, Mango und Kiwi in mundgerechte Stücke schneiden und in eine Schüssel geben. Zitrone darüber auspressen. Kerne aus dem Granatapfel herauslösen und zum Obst geben.

Orange über der Schüssel schälen, sodass der Saft aufgefangen wird. Klein schneiden und unter den Salat mischen.

BANANENQUARK MIT BEEREN

1 Banane / ½ Zitrone / 1 Orange / 250 g Erdbeeren / 50 g Himbeeren / 400 g Magerquark / 250 g Sahne / 2 EL Zucker

Banane mit einer Gabel zerdrücken und in eine Schüssel geben. Zitrone darüber auspressen. Orange über der Schüssel schälen, sodass der Saft aufgefangen wird, und kleinschneiden. Erdbeeren vierteln, Himbeeren etwas zerdrücken.

Alles mit dem Quark in die Schüssel geben und umrühren. Sahne mit Zucker steif schlagen und unter den Quark heben.

SOMMERBEEREN-PFIRSICH-SALAT

2 Pfirsiche / 500 g Sommerbeeren (z. B. Erdbeere, Johannisbeere, Heidelbeere, Brombeere) / 1 EL Butter / ½ Vanilleschote / 2 EL Rohrohrzucker / 3 EL Amaretto

Pfirsiche in mundgerechte Spalten, Beeren klein schneiden. Butter in einer Pfanne schmelzen. Pfirsiche darin kurz andünsten. Mark der Vanilleschote auskratzen und mit der Schote zu den Pfirsichen geben.

Beeren zufügen und kurz durchschwenken. Mit Zucker karamellisieren und mit Amaretto ablöschen. Vanilleschote entfernen.

ERDBEER-MINZ-SALAT MIT PISTAZIEN

500 g Erdbeeren / ½ Zitrone / 4 Minzblätter / 20 g Puderzucker / 2 EL Orangenlikör (z. B. Cointreau) / 2 EL Pistazien / 4 EL Zucker

Erdbeeren vierteln und in eine Schüssel geben. Zitrone darüber auspressen. Minzblätter fein hacken, mit dem Puderzucker und Likör hinzugeben und alles mischen. Obstsalat ca. 15 Min. ziehen lassen.

Pistazien grob hacken und in einer Pfanne rösten. Mit Zucker karamellisieren und über den Obstsalat geben.

SMOOTHIES

BEEREN-SMOOTHIE

600 g Erdbeeren / 4 Orangen / 1 Vanilleschote / 100 g Himbeeren / 100 g Blaubeeren / 400 ml Mineralwasser / 4 EL Honig

Bei den Erdbeeren die Stiele herausschneiden, die Orangen auspressen, das Mark der Vanilleschote herausschaben. Alle Zutaten in einen Standmixer geben und auf höchster Stufe fein pürieren. Je nach Geschmack Honig hinzufügen.

APRIKOSEN-ANANAS-SMOOTHIE

600 g Aprikosen / 1 Ananas / 15 g Ingwer / 300 ml Mineralwasser / 3 EL Agavendicksaft

Aprikosen und Ananas in grobe Stücke schneiden. Ingwer fein hacken. Alles mit Mineralwasser in einen Standmixer geben und auf höchster Stufe pürieren. Nach Geschmack mit Agavendicksaft nachsüßen.

MÜSLI-SMOOTHIE

3 kleine süße Äpfel (z. B. Cox Orange) / 2 Birnen (z. B. Williams Christ) / 20 Haselnüsse / 8 EL Schoko-Müsli / 1 TL Zimt / 500 ml Vollmilch / 300 ml Mineralwasser / 2 EL Honig

Äpfel und Birnen mit Schale vierteln. Die Haselnüsse knacken. Alle Zutaten in einen Standmixer geben und auf höchster Stufe fein pürieren. Je nach Geschmack Honig hineinrühren.

MANGO-BANANEN-SMOOTHIE

20 Eiswürfel / 2 Mangos / 2 Bananen / 4 große gelbe Pfirsiche / 1 Limette

Die Eiswürfel mit einem Mixer crushen und beiseite legen. Das Obst in grobe Stücke schneiden. Die Limette auspressen. Alles in einen Standmixer geben und auf höchster Stufe fein pürieren. Eiswürfel hinzugeben und den Smoothie cremig mixen.

SPINAT-GRAPEFRUIT-SMOOTHIE

1 Salatgurke / 2 Grapefruits / 2 cm Ingwer / 400 g Blattspinat / 300 ml Mineralwasser / 3 EL Agavendicksaft

Die Gurke mit Schale und die Grapefruits in große Stücke schneiden. Ingwer fein reiben. Alle Zutaten mit einem Stabmixer fein pürieren. Je nach Geschmack mit Agavendicksaft nachsüßen.

400 LIEBLINGSREZEPTE

VON A WIE AIOLI BIS Z WIE ZWETSCHGEN-CRUMBLE

S

T

U

V

W

Z

Bildquellen

Adobe Stock: HLPhoto (Umschlag, S. 66, 67, 90, 91, 104, 105), flas100 (S. 4, 5, 6, 7, 8, 9, 10, 11, 12, 13, 30, 31, 96, 97, 112, 113, 130, 131, 134, 135, 172, 173), reichdernatur (S. 16, 17, 34, 35, 116, 117, 136, 137, 174, 175), nadianb (S. 18, 19, 76, 77, 128, 129, 168, 169), tirachard (S. 22, 23, 26, 27), vulcanus (S. 32, 33, 74, 75, 108, 109, 124, 125, 166, 167), pixelkorn (S. 40, 41, 98, 99), slava (S. 70, 71), weixx (S. 44, 45), Mara Zemgaliete (S. 46, 47, 162, 163), Bits and Splits (S. 48, 49, 94, 95), maglara (S. 50, 51, 102, 103, 160, 161, 164, 165), fotofund (S. 56, 57), tushar2208 (S. 58, 59), psdesign1 (S. 60, 61, 84, 85), Maya Kruchancova (S. 120, 121 natashamam35 (S. 64, 65, 100, 101 180, 181), stockphoto-graf (S. 68, 69), Dmytro Synelnychenko (S. 72, 73, 88, 89), hakinmhan (S. 182, 183), bmf-foto.de (S. 80, 81, 118, 119), pavelalexeev S. 82, 83), T.Sander (S. 86, 87), John Smith (S. 110, 111), karandaev S. 114, 115, 146, 147, 150, 151), magdal3na (S. 148, 149), Weedezign (S. 156, 157), san_ta (S. 158, 159), arayabandit (S. 176, 177), Stillfx (S. 178, 179) — istock-photo: sorendls (Schmutztitel, S. 52, 53, 122, 123), sayhmog (S. 20, 21), Thomas Vogel (S. 28, 29), narloch-liberra (S. 126, 127, 132, 133) – Shutterstock: getideaka (S. 38, 39, 140, 141, 170, 171, 184, 185), HAKINMHAN (S. 78, 79), maglara (S. 50, 51, 160, 161, 164, 165), Maya Kruchankova (S. 62, 63, 142, 143), Nadianb (S. 144, 145), Rocco Herrmann (S. 92, 93), Slava17 (S. 42, 43), Spalnic (S. 152, 153), Tirachard Kumtanom (S. 24, 25, 182, 183)

Bibliografische Information der Deutschen Nationalbibliothek
Die Deutsche Nationalbibliothek verzeichnet diese Publikation in der Deutschen Nationalbibliografie. Detaillierte bibliografische Daten sind im Internet über http://dnb.d-nb.de abrufbar.

Für Fragen und Anregungen
info@rivaverlag.de

1. Auflage 2020

Nymphenburger Straße 86
D-80636 München
Tel.: 089 651285-0
Fax: 089 652096

Die Originalausgabe erschien 2017 beim Olivia Verlag unter dem Titel *Lecker hoch 5. 80 Lieblingsrezepte, 5 Varianten, 400 Mal lecker.* © 2017 by Olivia Verlag.

Redaktion und Texte: Michael König, Kerstin Bohmann (S. 66/67, S. 137: Rezept 4),
Carsten Hammerschmidt (S. 92: Rezept 2), Felix Wessler (S. 174/175)
Umschlaggestaltung: Laura Osswald
Umschlagabbildungen: Adelina Hartmann (Gerichte), Adobe Stock: flas100 (Hintergrund)
Fotos: Adelina Hartmann, 089-Photoshootings, München
Making-of-Fotos: Michael König, Kathrin Steinbeck
Stockfotos: siehe „Bildquellen“, S. 191
Gestaltung: Andrea Wong
Satz: Andreas Linnemann
Druck: Florjancic Tisk d.o.o., Slowenien
Printed in the EU

ISBN Print 978-3-7423-1232-7
ISBN E-Book (PDF) 978-3-7453-0913-3
ISBN E-Book (EPUB, Mobi) 978-3-7453-0914-0

Weitere Informationen zum Verlag finden Sie unter
www.rivaverlag.de
Beachten Sie auch unsere weiteren Verlage unter www.m-vg.de